# El Corazón es Noble

Si este libro le ha interesado y desea que lo mantengamos informado de nuestras publicaciones, escríbanos indicándonos cuáles son los temas de su interés (Autoayuda, Espiritualidad, Qigong, Naturismo, Enigmas, Terapias Energéticas, Psicología práctica, Tradición...) y gustosamente lo complaceremos.

Puede contactar con nosotros en
comunicacion@editorialsirio.com

Título original: Heart is Noble
Editado por Karen Derris y Damchö Diana Finnegan
Traducción al inglés: Ngodup Tsering Burkhar y Damchö Diana Finnegan
Traducido del inglés por María Tabuyo y Agustín López
Diseño de portada: Editorial Sirio, S.A.
Fotografía de portada: James Gritz



EDITORIAL SIRIO, S.A.
C/ Rosa de los Vientos, 64
Pol. Ind. El Viso
29006-Málaga
España

NIRVANA LIBROS S.A. DE C.V.
Camino a Minas, 501
Bodega nº 8,
Col. Lomas de Becerra
Del.: Alvaro Obregón
México D.F., 01280

ED. SIRIO ARGENTINA
C/ Paracas 59
1275- Capital Federal
Buenos Aires
(Argentina)

www.editorialsirio.com
E-Mail: sirio@editorialsirio.com

I.S.B.N.: 978-84-7808-906-2
Depósito Legal: MA-739-2013

Impreso en los talleres gráficos de Romanya/Valls
Verdaguer 1, 08786-Capellades (Barcelona)

*Printed in Spain*

Su santidad el Karmapa,
Ogyen Trinley Dorje

# El Corazón es Noble

Cómo cambiar el mundo desde dentro hacia fuera

editorial Sirio

# Prólogo

Es un placer para mí presentar este nuevo libro de Ogyen Trinley Dorje, el decimoséptimo Karmapa, un joven que ha estudiado bien y se ha esforzado mucho en el cumplimiento de sus responsabilidades como cabeza de la tradición Kamtsang Kagyu del budismo tibetano.

En la actualidad hago una distinción entre la gente como yo, que ya han cumplido sesenta o setenta años y que pertenecen al siglo XX, una época que ya pasó y quienes cumplen veinte o treinta años; es a ellos a quien corresponde dar forma a este siglo XXI. Durante el siglo XX la humanidad realizó progresos notables en campos como la medicina, los viajes y las comunicaciones, pero fue también un periodo de conflictos y derramamiento de sangre que no quisiéramos volver a ver. Para que las próximas décadas sean significativamente distintas, los jóvenes de hoy tienen que encontrar formas de asegurar la paz en el mundo basándose en establecer la paz en su interior, dentro de ellos mismos, y en confiar en el diálogo para resolver cualquier problema que pueda surgir.

Me alegra saber que este libro es consecuencia de la relación entre el Karmapa Rinpoche y un grupo de inteligentes jóvenes universitarios norteamericanos. El resultado no es tanto la exposición de un punto de vista budista, sino un ejemplo de la contribución que las ideas budistas pueden hacer en una conversación contemporánea. Rinpoche explica repetidamente cómo podemos acceder a nuestras cualidades humanas básicas y bondadosas, al corazón noble mencionado en el título, como un recurso de motivación y acción positiva. Lo importante es ir más allá de los simples buenos deseos y emprender realmente la acción, ya se trate de tratar con las emociones y transformar la mente o bien de proteger al entorno natural.

Estoy seguro de que quienes lean lo comentado en este libro e intenten aplicarlo en sus propias vidas no solo vivirán más felices, sino que también contribuirán a crear un mundo más feliz y más pacífico para este siglo XXI.

TENZIN GYATSO,
decimocuarto Dalai Lama

# Prefacio

El maestro espiritual cuyas palabras de sabiduría están contenidas en este libro es conocido por sus discípulos como «Su Santidad el Karmapa». En mayo de 2011, Su Santidad modificó su programa de actividades a fin de dejar tiempo para una serie de reuniones con un grupo de dieciséis estudiantes universitarios estadounidenses que tendrían lugar en su residencia de la India. Las enseñanzas impartidas a lo largo de aquel curso de un mes de duración constituyen la base de este libro.

Los estudiantes tuvieron un primer contacto con Su Santidad el Karmapa en la audiencia pública que se realiza dos veces por semana en el salón de actos del monasterio de Gyuto, en el norte de la India. El Karmapa es uno de los lamas de rango superior del budismo tibetano, y se había congregado gran cantidad de público. Cuando todas las personas presentes se pusieron en fila y pasaron brevemente ante él para recibir su bendición, los estudiantes se sintieron impresionados por su serenidad y su porte majestuoso. Este encuentro inicial con el Karmapa les hizo comprender la importancia excepcional de la posibilidad de compartir cuatro semanas de conversaciones privadas con él.

Más tarde, aquel mismo día, los estudiantes acudieron a la biblioteca del Karmapa para su primera reunión en privado. Miraron con atención y a hurtadillas la espaciosa y moderna biblioteca, repleta tanto de textos tibetanos como de libros de todo el mundo. Cuando fueron presentados, uno por uno, al Karmapa, se acercaron a ofrecerle sus regalos. Muchos habían sido hechos a mano especialmente para él, e incluían pinturas, una escultura, trufas de chocolate e incluso un banjo. A todos les resultó evidente que los estudiantes estaban ofreciendo un poco de sí mismos, y que Su Santidad recibía las ofrendas con auténtica curiosidad y corazón abierto. Cuando, al día siguiente, volvieron para la segunda sesión, vieron que muchos de sus regalos estaban expuestos en los estantes. Aunque habían llegado con una cierta inseguridad en cuanto a su posición en aquel entorno desconocido, ese signo los tranquilizó, al confirmarles así que su presencia era bienvenida en el espacio de Su Santidad.

El proyecto tuvo su comienzo un año antes, cuando el Karmapa autorizó a una de sus discípulas, una monja estadounidense llamada Damchö, a que contactara con una antigua amiga, Karen Kerris, profesora de estudios religiosos, para hablar sobre la posibilidad de que un grupo de estudiantes universitarios fuera a visitarle. Con el apoyo entusiasta de la Universidad de Redlands, Karen accedió a llevar a los integrantes de un curso de la Facultad de Letras de la universidad del sur de California. Damchö y Karen organizaron la visita y posteriormente coeditaron este libro.

De acuerdo con el deseo del Karmapa de tomar como punto de partida lo que los estudiantes quisieran oír del budismo, y no lo que el budismo quisiera decirles, la monja y la profesora enviaron una encuesta informal a un amplio número de estudiantes de Karen, preguntándoles qué les gustaría aprender de un maestro espiritual budista. Las respuestas sugerían el deseo de analizar sus preocupaciones con un maestro que pudiera ofrecerles perspectivas nuevas sobre el mundo y sobre su propia vida. Los temas seleccionados para las sesiones –los mismos que ahora aparecen como capítulos de este libro– se desarrollaron a partir de estas propuestas.

Antes de viajar a la India, en el mes de mayo, el grupo pasó los meses de invierno preparándose para su visita al Karmapa. Desde sus primeras reuniones para el viaje, Karen previno a los estudiantes para que no afrontaran la experiencia con unas expectativas prefijadas. Se propusieron como objetivo responder a cualquier cosa que se presentara, puesto que ninguno de ellos, ni siquiera la profesora, podía imaginar de forma precisa cómo sería la experiencia una vez estuvieran en la India con el Karmapa. Los estudiantes se comprometieron a estar abiertos a todo lo que se les ofreciera o pidiera.

El proyecto preveía también que tuvieran algo más que un papel pasivo en el encuentro: debían compartir activamente sus esperanzas y preocupaciones con el Karmapa. Entre el grupo de estudiantes había activistas cuyo trabajo iba desde los derechos laborales hasta el diálogo interreligioso o la justicia alimentaria. Durante el curso de sus encuentros con el Karmapa, le expusieron sus aspiraciones de contribuir a la creación de un mundo mejor, así como las experiencias de su vida personal. Él les respondió sobre su sinceridad y su deseo de ayudarse unos a otros y de ayudar al mundo, y les manifestó que no necesitaban nada más para ser dignos de aquel encuentro. Cualquiera que tenga el corazón abierto y unas buenas intenciones estaba plenamente cualificado para recibir sus enseñanzas y hacer pleno uso de ellas.

Los estudiantes daban prueba de una manifiesta actitud de humildad ante esa oportunidad que se les había brindado, pero se mostraban también valientes y decididos, y se sentían deseosos de poner a prueba maneras diferentes de estar en el mundo. Se esforzaron en ser respetuosos con las costumbres culturales tibetanas y las directrices éticas budistas. De hecho, en las reuniones previas sobre el curso, Karen estipuló que una condición para unirse al viaje era comprometerse a observar los cinco preceptos budistas –abstenerse de matar, de robar y de mentir, de una mala conducta sexual, y de tomar alcohol u otras sustancias tóxicas– durante todo el tiempo de su estancia en la India. Los estudiantes tenían que aprender la importancia de los preceptos aplicándolos a las particularidades de su experiencia. No matar incluía llevar una dieta vegetariana, inspirada en la visión del Karmapa del vegetarianismo como algo fundamental para la ética y la práctica; no robar, es decir, no tomar lo que no nos es dado sería la base para reflexionar activamente sobre los recursos que podían utilizar durante su permanencia en la pequeña aldea de Sidhpur; evitar la mentira les ayudaría a ser conscientes de la manera en que se comunicaban entre sí, y no tomar ningún tipo de sustancia embriagante les resultaría útil para mantener la mente clara y presente en todo momento.

Todos los estudiantes aceptaron voluntariamente el compromiso de vivir según esos preceptos durante el mes de su estancia, y muchos considerarían después que esa fue una parte importante de su autodescubrimiento. En una excursión que realizaron todos juntos a un instituto cultural tibetano de las proximidades, Su Santidad bromeó con ellos durante el té diciéndoles que su conducta era tan correcta que actuaban como si fueran monjes y monjas.

Inspirados por las enseñanzas del Karmapa, su generosidad y la atención que recibieron de quienes le rodeaban, los estudiantes se sintieron motivados a esforzarse. Con frecuencia pasaban doce horas al día en sesiones formales –preparándose antes de las enseñanzas, recibiendo las enseñanzas, y luego revisando y procesando colectivamente las ideas y perspectivas con las que se acababan de encontrar–. A pesar de la densa actividad de la jornada, a menudo los estudiantes se sentían animados a volver sobre los argumentos de Su Santidad para analizar las sutilezas de su enseñanza. Así ocurría de forma especial cuando el Karmapa les ofrecía paradigmas radicalmente diferentes para comprenderse a sí mismos y al mundo, tales como la idea de que la codicia no es una cualidad innata o que el hábito constituye una base importante para las relaciones.

Sin embargo, lo más notable no fue la cantidad de tiempo que se encontraban activos, sino el espíritu que incorporaron a su trabajo. Como alumnos del Centro Johnston de Estudios Integrados de la Universidad de Redlands, aplicaron de manera experta el *ethos* colaborador de la comunidad de Johnston, en cuanto a vida y enseñanza, a su experiencia intercultural. No eran solo personas que asumían riesgos intelectuales; estaban también cualificados en el aprendizaje basado en el consenso. Cuando cualquier estudiante tomaba la palabra durante una sesión con el Karmapa, expresaba siempre ideas que habían sido desarrolladas con todo el grupo, en lugar de hablar por sí mismo de manera individual. De esta forma, se planteaban el saber no como algo que se debe adquirir para uno mismo, sino como algo que compartir con los demás.

Durante el mes que pasaron juntos, Su Santidad el Karmapa se entregó a los estudiantes con amor y amistad. En cierta ocasión, uno de ellos comentó que aunque fueran iguales al Karmapa por lo que se refiere a la edad –eran solamente unos años más jóvenes que él–, no se asemejaban a él en ningún otro sentido. Constatar la profunda sabiduría que mostraba Su Santidad supuso una profunda impresión para ellos.

Sin embargo, no se trata simplemente de un maestro excepcional para su edad. Para los budistas tibetanos, se ha estado reencarnando a lo largo de novecientos años. Por tanto, aunque desde una cierta perspectiva solo tenía veinticinco años en el momento del encuentro, desde otra contaba con novecientos, hecho sobre el que él mismo bromeó con los estudiantes. En el tiempo que pasaron con él, el Karmapa proyectó sin fisuras esas dos identidades como una sola, permitiendo que su juventud sirviera como un medio útil para llegar a los estudiantes, mientras que su sabiduría imperecedera le otorgaba una profundidad inaccesible desde la que enseñar. Sus referencias humorísticas a la cultura popular, como los iPhones y los personajes del cómic, fueron momentos de conexión que salvaban la distancia entre experiencias vitales y logros espirituales tan ampliamente divergentes.

La necesidad de observar unas formas de respeto estaba siempre presente, pero Su Santidad se esforzaba constantemente para que no supusiera un obstáculo a un contacto personal cálido y profundo. Ngodup Tsering Burkhar, su traductor, comunicaba hábilmente al grupo no solo el significado de sus palabras, sino también el espíritu de sus ideas. Las cálidas y cordiales interacciones entre el Karmapa y su traductor aligeraban muchos momentos serios, cuando las discusiones sobre temas importantes quedaban salpicadas por risas y sonrisas intercambiadas por ambas partes. Al principio de su estancia en Dharamsala, el Karmapa les ofreció una comida, en la que rompió el protocolo al enviar a los maestros y al traductor a una mesa separada e invitar a los estudiantes a sentarse con él para compartir una conversación informal. Poniendo una nota de calidez y desenvoltura, les preguntó por su vida y sus familias, e incluso se interesó por el pelo al estilo rastafari de uno de ellos.

En su última noche en Dharamsala, el grupo compartió otra comida con Su Santidad, y aprovechó esa oportunidad para expresar su gratitud. Los estudiantes le ofrecieron su música y sus poemas, así como un regalo concebido para conmemorar el tiempo que pasaron con él. Una de las canciones que interpretaron para él fue *Let the moon be the holder of my love*, una composición original de dos de los estudiantes basada en un comentario del Karmapa (ver el capítulo 3, «Relaciones saludables», pág. 45). El maestro de canto del

Karmapa había enseñado cortésmente a cinco de los estudiantes una canción sagrada del gran yogui tibetano Milarepa. Sentados ante el Su Santidad por última vez, los estudiantes entonaron para él el canto sagrado en tibetano, utilizando una melodía que había compuesto el propio Karmapa. Tras unos breves momentos, este unió su voz a la del grupo.

*Nota*: el título de «Su Santidad» se refiere en el ámbito del budismo al más venerado de todos los maestros budistas tibetanos, Su Santidad el Dalai Lama. Sin embargo, con frecuencia se aplica también este tratamiento al Karmapa, como muestra de la alta estima en que le tienen sus millones de seguidores en todo el mundo.

# Introducción

En todo el globo, hay ahora personas profundamente preocupadas por el estado de nuestro planeta; desean cambiarlo, pero se sienten inseguras sobre cómo hacerlo o por dónde empezar. En este libro, Su Santidad el Karmapa nos orienta hacia un mundo más compasivo, que se puede lograr mediante nuestro propio esfuerzo. Aun reconociendo la enorme magnitud de la tarea, el Karmapa sostiene que ya tenemos lo que necesitamos para crear ese mundo: la nobleza del corazón humano.

Cuando explora las principales cuestiones interpersonales, sociales y medioambientales a las que nos enfrentamos actualmente, señala que los recursos emocionales de que disponemos pueden ayudarnos a abordar estos formidables retos y nos insta a considerar rigurosamente la bondad humana como base de nuestro trabajo para transformar el mundo. Muy consciente también de los obstáculos que puedan bloquear nuestro acceso a esa base de bondad que existe en nuestro interior, el Karmapa nos muestra el modo de eliminarlos. De forma continuada, nos reta a repensar nuestra interpretación de quiénes somos y de qué somos verdaderamente capaces. Su visión de cómo podemos realizar una transformación importante en el mundo es a la vez honda y sencilla; alienta una manera de vivir que es profundamente estimulante y, sin embargo, enteramente factible.

Este optimismo exigente se basa en la realidad de la interdependencia de los individuos, las comunidades, los sistemas sociales y el medioambiente. Las últimas décadas nos han aportado una conciencia mayor de los lazos innumerables y sutiles que relacionan fenómenos tan dispares como el calentamiento global, la migración laboral y los mercados internacionales, que muestran los profundos vínculos que existen entre nuestros mundos físico y social. Aunque la interdependencia sea cada vez más reconocida en muchas formas del discurso público, apenas se han esbozado consideraciones serias de sus ramificaciones éticas y prácticas. Su Santidad el Karmapa tiene aquí mucho que ofrecer porque recurre a escuelas de pensamiento budistas que han aplicado el principio de interdependencia a las cuestiones éticas y sociales desde hace más de dos mil años. En este libro, expone este principio como un marco de pensamiento sumamente fecundo para reflexionar sobre lo que significa ser humanos, y sobre nuestra posible contribución al mundo que nos rodea.

La interdependencia implica que el apoyo de los otros, incluyendo aquí a todos los seres, es indispensable para nuestra supervivencia. Esta verdad se manifiesta de forma evidente a nuestro alrededor; se experimenta, por poner un ejemplo cercano, cada vez que nos alimentamos, puesto que la comida se hace posible gracias a las contribuciones de un número incontable de seres: otras personas, animales y el propio medioambiente. Su Santidad el Karmapa demuestra esta realidad de la interdependencia en múltiples contextos, desde el ecologismo hasta la justicia social y la resolución de conflictos, o desde las relaciones sanas hasta la identidad de género. En el proceso, revela las implicaciones emocionales, éticas y prácticas en nuestra vida y en nuestro lugar en el mundo. La conciencia de la interdependencia puede hacer más profundas las respuestas emocionales de gratitud, amor empático y compasión. El Karmapa argumenta que, en términos éticos, recibir tanto de otros supone la responsabilidad de aportar algo, a modo de retribución, al planeta y a los seres que lo comparten con nosotros. Todo esto presenta también enormes consecuencias prácticas. Puesto que somos dependientes de otras personas y del medioambiente, tenemos que preocuparnos por las condiciones de su bienestar para asegurar nuestra propia felicidad.

Estas perspectivas ofrecen una nueva manera de ver el mundo y, lo que es más importante, crean la base para una nueva manera de actuar en él. El Karmapa emite una llamada a la acción, pero no se trata de una llamada a gestos espectaculares o a un activismo de gran visibilidad. En lugar de ello, nos muestra que usar sabiamente nuestra interdependencia y basar nuestras acciones en un corazón noble se pueden combinar para conferir un amplio alcance incluso a los actos pequeños. Nuestra vida ordinaria puede llegar a ser extraordinaria cuando las intenciones compasivas guían todo lo que hacemos.

De esta manera, Su Santidad el Karmapa recupera un lugar para el heroísmo en la vida diaria. Cuando aprendemos a valorar nuestra propia capacidad para las intenciones nobles, empezamos a hacer uso de cualquier situación en que nos encontremos para entregarnos a esfuerzos heroicos y nobles. Su perspectiva nos ofrece un regalo extraordinario que nos permite medir el éxito en función de la felicidad que creamos para nosotros mismos y para los demás. Para que nuestra vida sea significativa, solo se necesita que sea lo que es precisamente ahora.

Mientras el Karmapa nos llama a construir el mundo que queremos habitar, nos recuerda constantemente que el trabajo de renovación comienza realmente desde dentro. Localiza los mismos problemas reales que vemos a lo largo y ancho del planeta –incluido el consumismo rampante, la intolerancia religiosa, el hambre y la degradación del medioambiente– en las emociones destructivas y en actitudes habituales tales como la codicia, la ira y el egoísmo. De esta manera, nos indica que la transformación social real solo es posible cuando incluye la transformación personal.

Podemos acudir a este libro deseando aprender a cambiar el mundo, pero pronto veremos que el cambio comienza por nosotros mismos, nuestras actitudes, nuestras aspiraciones y nuestras respuestas emocionales a los problema que queremos abordar. Aunque el Karmapa reafirma enérgicamente el valor de nuestro deseo de trabajar por un mayor bien colectivo, amable pero constantemente nos distancia de la orientación puramente exterior. Para ser más eficaces en nuestro trabajo en el mundo, necesitamos estar dispuestos a mirar dentro de nosotros.

Nos puede resultar sorprendente vernos como nos ve él: como seres no naturalmente codiciosos ni agresivos, sino poseedores de una bondad interior inherente que subyace bajo cualquier cosa que la pueda estar oscureciendo a nuestra visión. Pero cuando empezamos a vislumbrar lo que trata de mostrarnos, el proyecto que el Karmapa propone llega a parecernos viable; difícil, sí, pero viable y eminentemente valioso. En lugar de sentir miedo a lo que encontraremos oculto en nuestro corazón, obtendremos la confianza de que, si profundizamos lo bastante, encontraremos la manera de regresar a nuestro noble corazón, que podrá entonces convertirse en la base de nuestras acciones.

Estas perspectivas de la naturaleza humana, la realidad de la interdependencia y el poder de las intenciones compasivas para transformar el mundo, son desarrolladas a través de las experiencias comunes. Como explica Su Santidad el Karmapa, ha preferido basar su presentación en la experiencia más que en la filosofía para asegurar que nos encontremos en un terreno que todos podemos compartir: el terreno de una experiencia humana de colaboración y las preocupaciones comunes por el mundo. La mayoría de las veces evita la terminología budista, lo que es coherente con su objetivo de no impartir unas enseñanzas sobre el budismo, sino de compartir lo que el budismo le ha ayudado a descubrir sobre la vida y sobre el mundo.

Este libro se ha elaborado a partir de una serie de sesiones con estudiantes universitarios americanos. El Karmapa estableció contacto con ellos –igual que ahora está llegando a los lectores de este libro– atravesando las fronteras de la cultura, la lengua y la posición social.

La relación que él alienta se puede describir como una forma de amistad que podría transformar nuestros ideales de cómo podemos vivir mejor en una comunidad global. Se trata de una amistad que reconoce la realidad de nuestra interdependencia, en la que la contribución de cada persona puede ser diferente, y sin embargo plenamente valorada. Como sucede entre los buenos amigos, aunque el Karmapa nos anime a pensar y a actuar de una manera distinta, no nos pide que nos convirtamos en algo diferente a lo que somos.

Este libro constituye una invitación a trabajar juntos hacia un futuro compartido. Ofrece herramientas para navegar de vuelta a nuestro noble corazón y para construir diversas maneras de vivir en el mundo. Todos están invitados a investigar cómo podrían emplear esta herramienta en su vida. En este proyecto colectivo de cambiar el mundo de arriba abajo, hay lugar para todos. Cada uno puede participar en él tal como es, llevando consigo sus propias aspiraciones para el bien colectivo.

# 1

# Nuestro fundamento compartido

Dentro de cada uno hay un corazón noble. Este corazón es la fuente de nuestras mejores aspiraciones para nosotros mismos y para el mundo, y nos aporta el valor necesario para actuar según esas aspiraciones. Nuestra nobleza puede estar oscurecida en ocasiones, cubierta con pequeños pensamientos o bloqueada por emociones confusas que nos extravían. No obstante, el corazón noble permanece intacto en el interior de cada uno, dispuesto a abrirse y ofrecerse al mundo. Nuestra tarea –la tarea de este libro– es reconocer este corazón noble en nuestro interior y aprender a conectar con él para convertirlo en la base de todo lo que hacemos y sentimos. Cuando nos deshagamos de todo lo que lo bloquea, puede cambiar el mundo.

Aunque soy un monje budista, este no es un libro sobre budismo. No quiero hablar aquí de la teoría o la práctica budista, sino de nuestras experiencias como seres humanos.

El terreno compartido sobre el que nos situamos es nuestra preocupación por nuestra vida y por nuestro mundo. En ese terreno, podemos encontrarnos como amigos. Mis estudios convencionales han sido de filosofía y religión budistas; por eso puede que de vez en cuando use alguno de sus términos. Pero eso es solo porque me han resultado útiles en mi vida, y espero que también a vosotros os puedan abrir perspectivas interesantes. Os ruego que no toméis mis palabras como una representación autorizada de lo que dicen los textos budistas. Os repito que realmente hablo desde mi propia experiencia.

Tengo ahora veinticinco años. Desde el momento en que fui reconocido como el decimoséptimo Karmapa, cuando era muy joven, he sido consciente de que cargo con la sucesión de las reencarnaciones, a lo largo de novecientos años, de los dieciséis Karmapas anteriores. Pero me veo a mí mismo como un ser humano, no como «el Karmapa». Soy solo un ser humano con unas responsabilidades y oportunidades particulares. Desempeño un papel único porque he recibido el nombre y la posición de «Karmapa», pero todos tenemos responsabilidades basadas en lo que recibimos del mundo.

Aunque he tenido una preparación intensa para enfrentarme a mis deberes como Karmapa, mi educación espiritual inicial me vino de mi familia. Esto mismo les ha podido ocurrir a muchos. Aunque mi madre no saber leer, es sincera, afectuosa y cariñosa. Mi madre y mi padre fueron mis primeros maestros espirituales. Nuestros progenitores nos traen al mundo y nos crían. No importa de dónde vengamos, de pequeños todos fuimos cuidados por alguien, por nuestros padres o por otras personas que nos protegieron. Esta es una experiencia que todos compartimos.

También compartimos el mismo planeta. Hemos vivido en él, juntos, desde que nacimos, aunque nunca antes habíamos sido presentados. Me encanta que ahora podamos encontrarnos por medio de este libro, a pesar de que este encuentro no tiene por qué conducir a ningún lugar. Compartiré con vosotros mis aspiraciones para el mundo. Si reconocemos que tenemos experiencias y aspiraciones en común, eso será suficiente.

Según vamos pasando por la vida, todos experimentamos múltiples cambios. En todas partes, a nuestro alrededor, ante nuestros propios ojos, se está produciendo un enorme progreso material. Todos hemos observado cómo nuestro cuerpo ha crecido rápidamente desde la infancia, y cuando maduramos podemos ver que seguimos evolucionando. Este desarrollo físico debería combinarse con un desarrollo mental: deberíamos buscar también una profundización en la sabiduría y la capacidad para distinguir lo que es beneficioso de lo que es perjudicial. Igual que podemos experimentar físicamente el florecimiento de la juventud, podemos disfrutar también de un florecimiento interior del corazón y de la mente. Podemos llevarle esa frescura de la juventud al mundo y después también la maduración de nuestra sabiduría.

A medida que vamos pasando por la vida, es mucho lo que podemos aprender unos de otros. En bastantes ocasiones me he sentido conmovido por las aspiraciones auténticas de muchas de las personas a las que he conocido y de las que he tenido ocasión de aprender.

Albergo muchas esperanzas para el mundo, pero trato de no tener expectativas. Pueda cumplir o no mis aspiraciones, quiero que estas me configuren y guíen mis acciones.

Centrarse en alcanzar resultados puede hacer que nos apeguemos demasiado a nuestros objetivos. Nuestros sueños no tienen necesariamente que cumplirse para que seamos felices. Alimentar esperanzas tiene sentido en sí mismo y por sí mismo. Vale la pena trabajar por ellas, independientemente del resultado. Cuando nos desvinculamos así de los resultados, encontramos más coraje para actuar en favor de nuestras aspiraciones para el mundo. Así encontraremos nuestra nobleza de corazón.

Hasta ahora, hemos estado compartiendo esta Tierra sin reconocer ese hecho. Ahora podemos compartir también nuestras esperanzas para nuestro hogar común. Podemos tener aspiraciones comunes para nosotros y para los demás. No necesitamos nada más complicado que eso. Compartir aspiraciones y experiencias nos une en un nivel humano básico. Eso puede aportarnos felicidad.

# 2

## Una vida con sentido

### Todo es posible

Cuando sueñas lo que deseas en tu vida, deberías saber que todo es posible. Puede que no siempre lo sientas o lo veas, pero nunca, ni por un momento, careces de la capacidad de cambiar el curso de los acontecimientos. Tu vida está sujeta a una revisión infinita. De hecho, el cambio es la característica más perdurable de tu existencia. La persona que eres hoy no es la persona que serás dentro de diez años o de cinco, ni siquiera de uno. Las circunstancias cambian continuamente a tu alrededor, y tú respondes constantemente a esos cambios de maneras diversas que te van configurando. No solo tienes esta infinita libertad para darte forma todo el tiempo, sino que también contribuyes a dar forma al mundo que te rodea.

La cuestión es: ¿cómo te relacionas con ese infinito fundamento de posibilidad sobre el que está construida tu vida? ¿Cómo puedes crear una existencia con sentido cualesquiera que sean las circunstancias cambiantes en que te encuentres?

El pensamiento budista dedica mucha atención a estas preguntas. La idea de que la vida tiene infinitas posibilidades se explora usando los conceptos de «interdependencia» y «vacuidad». Cuando oyes por primera vez el término «vacuidad» podrías pensar que sugiere la nada o el vacío, pero lo que realmente debería recordarnos es que nada existe en un *vacuum*. Todo está insertado en un conjunto complejo de circunstancias, en un contexto sometido a un cambio constante. Cuando decimos que las cosas están «vacías», nos referimos a que carecen de cualquier existencia independiente al margen de esos contextos cambiantes. Y precisamente porque todo cuanto existe se encuentra «vacío» en este sentido, es capaz de una adaptación sin fin. Nosotros mismos tenemos la flexibilidad básica para adaptarnos a cualquier cosa y para llegar a ser cualquier cosa.

En consecuencia, no deberíamos confundir la vacuidad con la nada. Por el contrario, la vacuidad está llena de potencia. Interpretada correctamente, inspira optimismo más que pesimismo, porque nos recuerda la gama sin límites de posibilidades de quiénes podemos llegar a ser y de cómo podemos vivir.

Interdependencia y vacuidad nos muestran que no hay ningún punto de partida fijo. Podemos empezar de cero. Tengamos lo que tengamos, quienquiera que seamos, ese es el lugar del que podemos partir. Muchas personas piensan que carecen de lo que necesitan para empezar a realizar sus sueños. Les parece que no tienen suficiente poder o dinero. Pero deberían saber que cualquier situación es un buen punto de partida.

En realidad, la vacuidad se puede comparar con el concepto y la función del cero. El cero puede parecer nada, pero, como todos sabemos, todo empieza a partir de él. Sin el cero, los ordenadores se vendrían abajo. Sin el cero, no se puede contar desde el uno hasta el infinito. De la misma manera, desde la vacuidad, todo puede manifestarse. Cualquier cosa puede venir a la existencia porque no hay una manera fija de que las cosas sean. Todo depende de cómo se combinen las condiciones. Esto no significa que la vida sea azarosa o arbitraria. Podemos hacer que suceda cualquier cosa, pero solo reuniendo las condiciones necesarias. Ahí es donde los conceptos de «vacuidad» e «interdependencia» se combinan. Toda persona, lugar, objeto y circunstancia depende por completo de otros como condición necesaria para su existencia. Por ejemplo, estamos vivos ahora porque disfrutamos de las condiciones apropiadas para nuestra supervivencia. Porque el sol brilla sobre la tierra y las nubes traen la lluvia, pueden crecer las plantas. Alguien cuida del cultivo y hace la cosecha, algún otro lleva las verduras al mercado y otro más hace con ellas la comida con que nos alimentamos. Cada vez que se repite este proceso, la interdependencia de nuestras vidas nos une con más personas cada vez, y con más y más rayos de sol y gotas de lluvia.

Finalmente, no hay nada ni nadie con quien no estemos conectados. El Buda empleó el término «interdependencia» para describir este estado de relación profunda. La interdependencia es la naturaleza de la realidad, de la vida humana, de todo cuanto existe. Todos estamos vinculados y nos afectamos recíprocamente.

Entre todos los elementos que nos afectan, las decisiones que tomamos y los pasos que damos se encuentran entre los más importantes. Si actuamos de manera constructiva, lo que viene a la existencia es constructivo. Si actuamos de manera destructiva, lo que resulta es destructivo y nocivo. Todo es posible, pero, también, todo lo que hacemos importa, porque los efectos de nuestras acciones tienen repercusión más allá de nosotros mismos. Por esa razón, vivir en un mundo de interdependencia tiene implicaciones muy específicas. Significa que nuestras acciones afectan a otros. Nos hace responsables a todos de los demás.

## Vivir esta realidad

Me doy cuenta de que, inicialmente, podría parecer que esta presentación trata de ideas abstractas, pero la vacuidad y la interdependencia son muy prácticos y adecuados cuando se piensa en cómo crear una vida dotada de sentido.

Podemos ver la interdependencia en acción examinando cómo se sostiene nuestra vida. ¿Es solo mediante nuestros esfuerzos? ¿Fabricáis todos vuestros recursos? ¿O provienen de otros? Cuando os hagáis estas preguntas, veréis enseguida que podéis existir únicamente gracias a otras personas. La ropa que lleváis y el alimento que coméis no proceden de vosotros. Considerad los libros que leéis, los coches en los que viajáis, las películas que veis y las herramientas que usáis. Ninguno de nosotros logra todo eso sin ayuda, por sí mismo. Todos dependemos de factores exteriores, incluido el aire que respiramos. Nuestra presencia continuada aquí, en el mundo, es una oportunidad posibilitada íntegramente por otros.

Interdependencia significa que estamos interactuando continuamente con el mundo que nos rodea. Esta interacción funciona en ambas direcciones, es un intercambio mutuo. Estamos recibiendo, pero también dando. Así como nuestra presencia en este planeta ha sido posible gracias a muchos factores, nuestra presencia aquí afecta a su vez a otros, a otros individuos, a otras comunidades y al propio planeta.

Durante el siglo pasado, los seres humanos desarrollamos capacidades muy peligrosas y creamos máquinas dotadas de un poder tremendo. Con la tecnología ahora disponible, podemos cortar todos los árboles del planeta. Pero si lo hiciéramos, no podríamos esperar que la vida continuara como antes. Debido a nuestra interdependencia fundamental, todos experimentaríamos las consecuencias de esa acción con una gran rapidez. Si no hubiera ningún árbol, no habría oxígeno suficiente en nuestra atmósfera para sostener la vida humana.

Os podéis preguntar qué tiene esto que ver con las decisiones que tomamos y con la forma en que vivimos nuestra vida. Es muy sencillo: necesitamos tener en cuenta la interdependencia porque influye directa y profundamente en nuestra vida. Para tener una existencia feliz, debemos interesarnos activamente por las fuentes de nuestra felicidad. Nuestro entorno y las personas con las que lo compartimos son el principal origen de nuestro sustento y bienestar. Para asegurar nuestra felicidad, tenemos que respetar la felicidad de los otros y preocuparnos por ella. Vemos esto en algo tan simple como la manera en que tratamos a las personas que nos preparan la comida. Solo cuando nos comportamos bien con ellas y cuidamos de sus necesidades, podemos esperar razonablemente que se esfuercen en preparar algo sano y sabroso para que nos alimentemos.

Cuando respetamos a los otros y nos interesamos por su desarrollo como personas, nosotros mismos nos desarrollamos. Se puede observar esto también en los negocios. Cuando los consumidores tienen más dinero para gastar, las empresas van mejor. Si queremos progresar individualmente y juntos, como sociedad, no basta con que simplemente reconozcamos la interdependencia obvia del mundo en que vivimos. Debemos considerar sus implicaciones y reflexionar sobre las condiciones de nuestro propio bienestar. ¿De dónde proceden nuestro oxígeno, nuestra comida y los bienes materiales que poseemos? ¿Son esas fuentes sostenibles?

## Relacionarse con la realidad

Examinar vuestra experiencia desde la perspectiva de la vacuidad y la interdependencia podría suponer un cambio importante en vuestra comprensión de la vida. Mi esperanza es que ese cambio pueda beneficiaros en términos prácticos. Hacer una interpretación nueva de las fuerzas que están en acción en vuestra vida puede ser un primer paso para relacionarse positivamente con ellas.

Mi propósito al plantear estas cuestiones no es, ciertamente, aterrorizaros enfrentándoos con vuestra dura realidad. He observado que algunas personas se sienten incómodas cuando se les dice que el cambio es una parte fundamental de la vida, o que nada dura para siempre. Sin embargo, la impermanencia es un hecho básico de nuestra existencia, ni bueno ni malo en sí mismo, y no se gana nada negándolo. De hecho, cuando afrontamos sabiamente la impermanencia, tenemos la oportunidad de cultivar una manera más constructiva de relacionarnos con esa realidad. Si lo hacemos, podemos aprender verdaderamente a sentirnos a gusto frente a un cambio inesperado y actuar de manera cómoda en cualquier situación nueva que se pueda producir. Podemos ser más hábiles en la forma de relacionarnos con el cambio.

Lo mismo sucede con la interdependencia. Ver la vida desde esta perspectiva puede ayudarnos a desarrollar herramientas para relacionarnos de manera más constructiva con la realidad, pero eso no es suficiente. Puede que algunas personas encuentren inicialmente incómodo reflexionar sobre el hecho de ser interdependientes de otros. Podrían pensar que esto significa que están indefensos o atrapados, comprimidos por esas dependencias. Sin embargo, no hay por qué sentirlo como, por ejemplo, estar aprisionado en un empleo trabajando para un jefe que no elegimos pero con el que tenemos que tratar, nos guste o no. Eso no es útil. No deberíamos sentirnos reacios o presionados por la realidad de nuestra interdependencia. Esa actitud nos impide disfrutar de una sensación de satisfacción y bienestar en nuestra vida. No nos da una base para unas relaciones positivas.

La interdependencia es nuestra realidad, la aceptemos o no. Para vivir productivamente en esa realidad, es mejor reconocerla y actuar de acuerdo con ella, de manera sincera y sin resistencias. Aquí es donde intervienen el amor y la compasión. Es el amor el que nos lleva a abrazar nuestra posibilidad de relación con los otros y a participar de buena gana en los vínculos creados por nuestra interdependencia. Puede hacer que se desvanezca nuestro muro defensivo y nuestra dolorosa sensación de separación. La calidez de la amistad y el amor nos hace fácil aceptar que nuestra felicidad está íntimamente vinculada a la de los demás. Cuanto más capaces seamos de amar, más felices y más satisfechos podremos sentirnos en las relaciones de interdependencia, que son una parte natural de nuestra vida.

## Todas las personas son como padres para nosotros

El amor es posible en todas nuestras relaciones porque todas las personas quieren la felicidad. Nadie desea sufrir. Esto es cierto para aquellos que amamos, pero también para quienes nos desagradan. Todos somos absolutamente idénticos a este respecto. Este deseo universal de felicidad es algo que podemos captar con facilidad de manera intelectual. Cuando aprendemos también a sentir y respetar esto en el corazón, el amor florece de forma natural en nuestro interior.

De entre todas las personas con las que estamos relacionados, la mayoría siente afecto y amor por sus padres. ¿Por qué? Este sentimiento de cercanía y amor surge habitualmente con mayor facilidad hacia ellos, porque nos han cuidado, nos han ayudado a crecer y han contribuido a nuestro bienestar.

Tal como yo lo veo, todas las personas son muy parecidas a los padres para nosotros. Si miramos con atención, podemos ver que toda la gente que conocemos ha contribuido a nuestro bienestar en una diversidad de formas, ya sea directa o indirectamente. Muchas personas diferentes han cocinado nuestras comidas, han construido el hogar y cosido las ropas que nos protegen de los elementos, nos han llevado a donde queríamos ir, han inventado los medicamentos que nos han curado de nuestras enfermedades, nos han educado, nos han ayudado a mantenernos sobre nuestros pies, nos han motivado para crecer, y mucho más. Innumerables individuos han estado actuando como padres para nosotros desde el momento en que nacimos hasta ahora. Pero, habitualmente, no reconocemos a otros como padres, en parte porque no hemos dirigido nuestra atención a sus cualidades, tan semejantes a las de nuestros progenitores. Nadie da un paso adelante y se presenta diciendo: «Hola, realmente soy como una madre para ti». Ni estrechamos su mano mientras aseguramos: «Hola, eres como una madre para mí».

Pero si consideramos realmente todo lo que recibimos de otra gente, podemos identificar innumerables maneras en las que muchas personas son como padres para nosotros. Cuando lo hagamos, nos acercaremos a ellos con más ternura. Seremos capaces de conectar con ellos con el mismo tipo de amor que existe entre una madre y su hijo. Seremos capaces de abrazar nuestra interdependencia y de tomarnos en serio la necesidad de felicidad de los otros. Dado que todo el mundo quiere amor, tenemos capacidad de mejorar su vida dándoles lo que desean y necesitan, empezando por sentir amor por ellos.

## Adoptar una visión sin límites

Creo que esta perspectiva más amplia resulta esencial al pensar en dotar de sentido a nuestra vida. ¿Qué es lo que le da a la vida un sentido real? Esta es una pregunta inmensa.

Para poder responder a ella, necesitamos pensar de manera igualmente inmensa. Tenemos que ver más allá de nuestra vida limitada. Si no vamos a considerar nada más que nuestro propio territorio y nuestras preocupaciones personales, esa visión será demasiado miope.

Como ejemplo, en mi propia vida he tenido un gran número de deseos incumplidos y puedo encontrar muchas razones para sentirme insatisfecho. A diferencia de otras personas de mi edad, algunas de las decisiones más importantes de mi vida fueron tomadas por otras personas. Esto empezó desde el momento en que fui reconocido como Karmapa a los siete años de edad. Además de verme en la necesidad de asumir muchas y muy grandes responsabilidades debido a mi cargo, también me he encontrado con grandes retos y obstáculos a la hora de cumplir esos deberes. Por supuesto, podría ser frustrante no poder hacer todo lo que quiero hacer y se me exige hacer. Pero esto no significa que mi vida carezca de sentido o de esperanza. Me toca a mí decidir cómo hacer frente a esos desafíos y obstáculos.

La idea de que la vida carece de sentido si no se realizan los deseos que uno tiene es el resultado de una estrechez de miras, de que se piensa solo en uno mismo. Aunque la vida parezca sin sentido porque nuestros deseos particulares no se cumplan, tenemos sin embargo posibilidades ilimitadas. Y podemos ver que es efectivamente así comprendiendo que nuestra vida llega más allá de donde nos encontramos en un momento dado.

Nuestra existencia es inmensa. No se detiene en los límites de lo que personalmente experimentamos. No es algo concreto o circunscrito solo a nosotros mismos, como si la vida humana únicamente se extendiera hasta los límites del cuerpo. Más bien se despliega en todas direcciones, como una red que lanzamos, para afectar a otras muchas personas y convertirse en una parte penetrante de la vida de todo el mundo.

Nuestra vida puede parecer sin sentido cuando pensamos en ella de una manera limitada, fijándonos solo en lo que está ligado directamente a nosotros. Personalmente, si tuviera que examinar mi vida de esa manera, con toda seguridad me parecería bastante inútil. Llevar este honorífico título, escapar del Tíbet, todos los esfuerzos hechos desde entonces... Difícilmente valdría la pena tanto jaleo por una sola persona: ¡yo! Pero cuando veo mi existencia como algo expansivo, y constato que podría ser capaz de llevar algo de felicidad y alegría aunque fuera a una sola persona, sé que mi vida tiene un sentido real.

Cuando ofreces alegría y felicidad a otro, eso se refleja en ti mismo. El sentido de tu vida no procede de ti como individuo separado. Procede de ti, pero solo a través de la relación con los otros. De esta manera, las interrelaciones pueden darle un gran sentido a tu vida.

El truco consiste en llegar al punto medio entre lo que deseas para ti mismo y lo que deseas para los demás. Para lograr ese equilibrio, lo que deseas para ti mismo debe estar bien pensado desde el principio. Con esto quiero decir que si lo que quieres para ti está muy centrado en ti, no encontrarás un equilibrio real. Esto es así porque tú eres solo una parte de tu vida. Y por consiguiente debes, necesariamente, tomar a los otros en consideración. Tus propios intereses y tu propia vida se equilibrarán únicamente cuando incluyan tanto tu bienestar como el de los demás. Cualquier objetivo saludable incluye el deseo de beneficiar a otros. Si un objetivo es egocéntrico y está lleno de apego a ti mismo, ese equilibrio será sumamente difícil de encontrar y mantener. Necesitas preocuparte por ti mismo, por supuesto, pero no hasta la despreocupación total por las otras personas. No puedes conseguir tus logros a expensas de los demás.

## Tres tipos de objetivos

Si pensamos en lo que generalmente guía nuestras actividades, veremos que algunos de nuestros objetivos son completamente interesados; otros combinan nuestros propios intereses con los de otras personas, y otros se persiguen íntegramente por el beneficio de los demás. Existe una gran diferencia en nuestras experiencias, en función del tipo de objetivo que se persiga: el propio interés, el altruista o una combinación de ambos.

Cuando nos preocupamos únicamente de nuestros propios intereses, terminamos desatendiendo a otras personas, e incluso mostrando desprecio por ellas. Se trata de la típica actitud: «Si son felices, estupendo; si sufren, estupendo, mientras yo consiga que mis necesidades se satisfagan». Esto no es solo desafortunado, sino que está absolutamente fuera de la realidad. Este planteamiento no funcionará. Dado que todos los seres son interdependientes, incluso la búsqueda de los objetivos más egocéntricos implica un impacto sobre los demás. El sentido común debería decirnos que la búsqueda exclusiva del interés propio es una actitud autodestructiva.

El segundo tipo de objetivo –en el que nuestros intereses se unen a los intereses de otros– reconoce nuestra interdependencia. Aquí, la actitud es: «Quiero realizar mis objetivos, y, por supuesto, al mismo tiempo, también los otros deberían poder realizar los suyos. Igual que yo persigo mis objetivos y deseo alcanzarlos, espero que ellos también lo logren». Si queremos cuidar de nosotros mismos, tenemos que respetar ese mismo deseo en los demás.

El tercer tipo de objetivo implica buscar solamente el interés de los otros. Este altruismo puede ser mucho más difícil de sentir, y por tanto que se lleve a la práctica en una medida muy inferior. Cuando apreciamos solo los deseos y objetivos de los demás, sacrificamos de buena gana los nuestros si vemos que hacerlo los beneficia. Esto no significa que literalmente renunciemos a nuestra vida o que nunca podremos tener satisfecha ninguna de nuestras necesidades. Más bien es una actitud mental por la que orientamos nuestra vida enteramente al servicio de los otros. Podría resultar difícil traducir esto en una acción inmediata, pero es una actitud a la que podemos aspirar.

## Apreciarse a sí mismo y a los otros

Compartiré con vosotros dos historias como ejemplos de búsqueda de los objetivos de uno mismo en oposición a los objetivos de los demás. La primera trata de un águila de dos cabezas, de la especie que llamamos pigargo o cabeciblanco americano. Esta águila tenía dos cabezas, cada una de ellas con su propio cerebro, por lo que se trataría de un animal de dos cabezas, dos cerebros y un solo cuerpo. (Bueno, esto es ciencia ficción, ¡lo sé!) Las dos cabezas tenían formas diferentes de ver el mundo, y a ninguna de las dos le gustaba mucho la otra. En realidad, cada una quería todo el cuerpo para sí misma, y empezaron a tramar planes para deshacerse de la otra.

Un día, esta ave aterrizó cerca de un veneno. Ninguna de las dos cabezas quería dejar escapar la oportunidad de acabar con la otra, por lo que trataron de seducir a la contrincante para que comiera el veneno, hablando de lo delicioso que era e invitando cortésmente a su oponente a que se lo tomara. Finalmente, una de las dos cabezas –la menos persuasiva, me imagino– engulló el veneno. Pero, por supuesto, como habréis imaginado, este acto envenenó todo el cuerpo que ambas compartían. Se hallaban tan centradas en sus propios objetivos egocéntricos y en su aversión a la otra que olvidaron que compartían el mismo cuerpo.

Esto es lo que sucede cuando estamos absortos en nosotros mismos. Al final, solo nos perjudicamos. Para tener una vida dotada de sentido, debemos considerar nuestra existencia como parte integral de un conjunto mucho mayor. Dada nuestra estrecha interconexión en este mundo, es absolutamente razonable decir que todos compartimos una única vida. Tenemos muchas cabezas, pero un solo cuerpo.

La segunda historia trata de una casa que se incendió con una familia en su interior. Uno de sus miembros, presa del pánico, salió disparado hacia la salida más cercana. Su primer pensamiento fue su propia seguridad, y consiguió llegar sano y salvo hasta la puerta. Pero justo cuando con un pie pisaba ya el umbral, se acordó súbitamente de su familia. Mantuvo el otro pie en el interior, con el sentimiento de que quería para los suyos la misma vida y la misma seguridad que se apresuraba a conseguir para sí mismo. Después de detenerse durante esa fracción de segundo, con su equilibrio igualmente distribuido entre los dos pies, se dio inmediatamente la vuelta para volver a salvar a su familia.

Tenemos que actuar de manera similar. Que el pie delantero nos indique a dónde queremos ir, mientras que el otro nos recuerde que también otros desean lo mismo para ellos. Necesitamos crear la posibilidad de tener los dos pies en el suelo. Nuestro propio interés puede decirnos lo que queremos para nosotros mismos, pero nuestra conciencia debe recordarnos lo que también ellos quieren. No deberíamos sacrificarnos a nosotros mismos totalmente, pero tampoco hacer caso omiso de los otros por nuestro bienestar. Este es el equilibrio correcto.

## Un modo de ganarte la vida con sentido

Una vez tengáis un sentimiento claro del equilibrio que dota a la vida de sentido, estaréis en buena posición para pensar en escoger un trabajo e integrarlo en el conjunto de vuestra vida.

La profesión que se desempeñe no es el factor más importante. Mi empleo es ser Karmapa, y es un trabajo bastante difícil –difícil de hacer, e incluso de describir–. En el espacio destinado en el pasaporte a la ocupación, ¿qué debería escribir? ¿Recitador de oraciones? Eso es demasiado restringido. ¿Plantador de árboles? Suena raro. ¿Cocinero? No sé cocinar, así que eso desde luego que no. Imagino que soy muchas cosas y nada, pero lo principal no es lo que uno hace, sino cómo lo hace.

Sea cual fuere tu trabajo, tienes que darte oportunidades para sencillamente ser. Aunque sea solo una vez al día, deberías encontrar un momento para ser tú mismo. Esto podría llevarse a cabo mediante una breve meditación o reflexión silente por la mañana o por la noche, o de la manera que más te convenga. Lo fundamental es volver a conectar contigo mismo. De lo contrario, estarás todo el día ocupado y corriendo de un lado para otro, y será fácil que te extravíes. Para evitarlo, deberías esforzarte por volver a ti mismo y recordar lo que es esencial para ti.

Permitir que tu ocupación se adueñe de ti puede acabar siendo deshumanizante. Conozco a varias personas que trabajan en fábricas y tienen que ajustarse lo máximo posible al ritmo de las máquinas. En su vida diaria, parecen robots. Esto también sucede en muchas otras ocupaciones, y resulta profundamente angustioso. Es un ejemplo extremo del peligro de convertirnos en parte de un sistema económico que trata a las personas como máquinas.

Estos ejemplos podrían hacer que pareciera atractivo apartarse del sistema y buscar alternativas. Sin embargo, para quienes sentimos un compromiso profundo con la idea de cambiar un sistema particular o de contribuir a mejorar nuestro mundo, existen otros factores que hay que considerar. Aunque pueda haber excepciones, cuando elegimos salirnos de un sistema, esto a menudo equivale casi a una huida, incluso si nos vamos con la idea de que nos opondremos a él desde fuera. Se convierte fácilmente en algo así como dejar a un lado algo que no nos gusta, en lugar de intentar arreglarlo o modificarlo. Vemos ejemplos de personas que dejan un sistema, y luego otro, creando de este modo un patrón de fuga. Esta no es una manera eficaz de reformar el sistema. A fin de conseguir que cambie, aunque pueda ser difícil, trabajar dentro de él puede tener un efecto mucho mayor.

## Donde está el valor real

Ya sea que trabajes dentro de un sistema o fuera de él, me gustaría subrayar que es un error ligar tu identidad a la labor que realizas. Ningún empleo puede definirte nunca como persona. Eres mucho más que tu trabajo. No importa cuántas horas pases al día trabajando, no es la única y ni siquiera la parte más importante de tu vida. Como mucho, puede ser un componente de la inmensa red de todo lo que incluye tu vida como ser humano.

Es particularmente importante recordar esto en la difícil situación económica por la que estamos atravesando. Cuando, hoy en día, alguien pierde su empleo, puede que no encuentre otro rápidamente. Algunas personas en paro sufren debido al coste emocional de estar sin trabajo, incluso más de lo que puedan sufrir por la falta de ingresos. Si tu trabajo está llenando un hueco emocional, ese hueco seguirá dolorosamente abierto mientras estés desempleado. Si ese es tu caso, puedes contrarrestar esos sentimientos refrescando tu interpretación acerca del verdadero origen de la felicidad. Con toda nuestra inteligencia, a menudo volvemos a caer en el hábito equivocado de buscar la felicidad en el exterior. Puedes refrescar tu sabia conciencia y, en cualquier momento, dirigir tu atención desde las condiciones externas a la fuente inagotable de bondad que tienes en tu interior. Eso nunca se puede perder, no importa la situación.

Disfrutamos consiguiendo nuevas posesiones materiales. ¿Por qué no disfrutamos mucho más con nuestra bondad interior, que tiene un valor muy superior? Nuestras cualidades personales pueden hacernos felices. Solo tenemos que dirigir nuestra atención hacia ellas.

Dar origen a una pequeña manifestación de aprecio por parte de los otros puede producirnos una satisfacción mucho más profunda que hacer dinero. Nuestras cualidades positivas pueden ser una fuente abundante de alegría para nosotros. Aunque tengamos un solo pensamiento altruista, este es ya causa para ser profundamente feliz. Disponemos de amplios recursos para la felicidad en la generosidad de nuestra mente.

# 3

# Relaciones saludables

## Orientarnos hacia los otros

Independientemente de lo que suceda a nuestro alrededor, siempre tenemos maneras de hacer que nuestra vida posea un sentido profundo para nosotros mismos y para los demás. Todo lo que se necesita es un cambio de perspectiva. Recordando los principios de interdependencia, podemos expandir el sentimiento de nosotros mismos más allá de los estrechos límites del cuerpo y las experiencias, para abarcar todo aquello con lo que se relaciona nuestra vida. Entonces seremos capaces de mirar más allá de nuestros objetivos particulares y abrazar los objetivos de los demás como si fueran nuestros.

Al armonizar la preocupación por nosotros con la preocupación por los demás, nuestra vida se equilibra. Cuando la vida parece desequilibrada y sin sentido, habitualmente percibimos que también las relaciones se vuelven enfermizas. Pensando atentamente en cómo nos orientamos hacia los demás y hacia nosotros mismos podremos construir y disfrutar unas relaciones saludables. Podremos aprender a cultivar unos vínculos cálidos y verdaderamente profundos.

Aunque la filosofía y la psicología budistas ofrecen análisis extensos sobre las relaciones, quiero enfocar este tema mediante la experiencia en lugar de hacerlo mediante la teoría. Creo que centrarnos en las emociones nos ayuda a abordar nuestras experiencias, la manera en que realmente sentimos y vivimos nuestras relaciones.

He observado que los vínculos emocionales se forman entre las personas en gran parte por la fuerza de la costumbre, es decir, al relacionarnos unos con otros. Pienso que vale la pena prestarle más atención al papel de los patrones del hábito, porque formando nuevos hábitos podemos cambiar fundamentalmente la manera en que nos relacionamos con los demás. Por ejemplo, dos personas se reúnen mediante una asociación repetida, y, en el proceso, cada una de ellas se va acostumbrando a la otra. Se relacionan entre sí una y otra vez, y poco a poco llegan a sentirse cómodas la una con la otra y con las formas que adopta su relación. Con frecuencia, eso es todo lo que se necesita para establecer un vínculo emocional y los esquemas que se seguirán en su interacción futura.

El modo budista de explicarlo considera una larga serie de acciones que se remontan a nuestras vidas anteriores y que llegan a configurar los patrones habituales que nacen con nosotros en nuestra vida actual. Pero no necesitamos remontarnos más allá de nuestra vida presente para ver que las dinámicas de nuestros primeros años se repiten mucho después. Esto sucede porque nos vemos atraídos por relaciones que sentimos de algún modo familiares, basadas en patrones que aparecieron en nosotros anteriormente. El simple hábito también contribuye mucho a nuestro sentimiento de lo que parece fácil desde un punto de vista cultural.

Pero los hábitos se pueden cambiar. Por regla general, llegamos a sentirnos cómodos en ambientes nuevos una vez que nos acostumbramos a ellos. Los hábitos se forman únicamente a través de la repetición a lo largo del tiempo; por eso, actuando repetidamente de diferente forma, seremos capaces de crear nuevos hábitos y de romper con los viejos. Para hacerlo, podemos empezar examinando nuestras maneras cotidianas de pensar y relacionarnos. Cuando hemos decidido que necesitamos cultivar hábitos más saludables en nuestras relaciones, podemos preocuparnos por acercarnos consecuentemente a los otros de un modo más sano, hasta que el nuevo planteamiento se establezca como respuesta habitual, una respuesta positiva.

## El yo fabricado

La fuerza de la costumbre desempeña también un papel sutil pero importante en la manera en que nos vemos. A su vez, el sentimiento que tenemos de nosotros mismos tiene un impacto tremendo en la manera en la que nos relacionamos con los demás. Podemos hablar de dos sentidos de nosotros mismos, o de dos formas de yo. Uno es el yo innato o instintivo, y el otro es el atribuido o aprendido a través de nuestra manera habitual de vernos a nosotros mismos.

Debo explicar lo que quiero decir con estos dos sentidos del yo que todos experimentamos. Empezaré con el último, que es menos sutil y, por lo tanto, más fácil de ver en acción en nuestra vida. Este yo –el aprendido o atribuido– se construye o elabora mediante el uso repetido; por eso lo llamaré «yo construido». Tus padres te dicen que eres de esta forma o la otra. En la escuela, tus maestros te señalan que eres así o asá. Los conceptos de género de tu sociedad te dictan cómo deberías ser. Tu cultura, en general, te envía múltiples mensajes sobre quién eres.

Creo que hay una tendencia en la cultura norteamericana a acrecentar la confianza de los niños indicándoles lo importantes y especiales que son. Esa autocomprensión forma parte también de ese sentido construido del sí mismo. El yo llega a parecer cada vez más real y sólido porque uno crece habituado a pensar en sí mismo como la persona que en casa, en la escuela y en su entorno y sociedad se le dice que es. Este es el «yo construido». Tus propios hábitos mentales te llevan a pensar que eso es realmente lo que eres, y ese yo constituye entonces una sensación de ti mismo que llevas contigo a todas partes a las que vas en la vida y a través de todas tus relaciones.

En cambio, el otro sentido del sí mismo –el innato– es extremadamente sutil. En circunstancias normales, no somos generalmente conscientes de su presencia, aunque esté siempre ahí con nosotros. Este sentido sutil del sí mismo sOlo se hace realmente manifiesto o perceptible en ciertas situaciones extremas, como cuando nuestra vida se siente amenazada. Por ejemplo, si de repente nos encontramos al borde de un precipicio y a punto de caer, ese sentimiento instintivo de un yo que quiere urgentemente salvarse sería una expresión del sentido innato del yo.

De los dos yoes, es el construido el que asume gran importancia en nuestras relaciones. Por ejemplo, nadie nace como «Jack». Más bien, alguien recibe ese nombre y con ese acto se crea la persona «Jack», que crece pensando: «Yo soy Jack. Jack: ese soy yo». Más adelante, si alguien habla mal de «Jack», se siente trastornado y agitado. Puede estar en una habitación con otras cien personas, pero si alguien grita el nombre «Jack», se siente completamente individualizado e interpelado. No importa cuánta gente haya allí, el sonido de la palabra «Jack» parece dirigido directamente a él. Este es un signo de que ha asumido como suya la etiqueta «Jack». Se toma muy en serio y asume personalmente cualquier cosa que se diga del tal «Jack», porque ha aceptado para sí esa etiqueta. Todos lo hacemos.

Crees que tu yo construido eres tú, y que ese yo refleja correctamente tu completa y verdadera identidad. Pero si contemplas el proceso, puedes ver que tu yo construido fue gradualmente elaborado a lo largo de un período de tiempo. Te has familiarizado tanto con él que ahora piensas que es inherentemente quien tú eres. Pero no es así. Es solo una identidad fabricada.

No obstante, el sentido de uno mismo que este yo fabricado te proporciona y el sentido de «mío» que lo acompaña crean una especie de ventana por la cual miras el mundo. Te sientas dentro a mirar por este marco de yo y «mío», y asumes personalmente cualquier cosa que veas a través de esa ventana. Si alguien que se encuentra fuera tiene una expresión de enfado, sientes que el enfado está dirigido a ti. Sin embargo, no hay ninguna razón para aceptar que la experiencia de enfado de otra persona esté relacionada contigo.

Después de todo, también ella está mirando desde su propia ventana personal, y sus percepciones se hallan también enraizadas fundamentalmente en su particular sentido del yo.

Cuando miramos fijamente a través de esa ventana para captar el yo y lo «mío», lo experimentamos todo como si estuviera siendo proyectado sobre nuestro marco personal de percepción, como una película proyectada sobre una pantalla. Igual que cuando estamos viendo una película, si contemplamos un momento feliz, nuestro corazón se eleva, y si hay un momento triste, inmediatamente nos sentimos bajos de ánimo.

Este agarrarse a «mí» y a lo «mío» restringe nuestra visión de nosotros mismos. Tiene también un importante impacto cuando nos relacionamos con otros. Nos impide ver las innumerables conexiones sanas que verdaderamente nos vinculan a los demás y terminamos refiriéndonos al mundo como si estuviera separado de nosotros, algo que se encuentra ahí fuera proyectado en una pantalla para nuestro consumo. No os estoy ofreciendo una visión filosófica. Simplemente trato de describir lo que se siente al experimentar el mundo de esta manera. Cuando miramos por nuestra ventana, sentimos apego o aversión. Aceptamos o rechazamos lo que vemos proyectado en la pantalla. Esta atracción y este rechazo emocionales forman un componente importante de cómo nos relacionamos con los demás.

## El anzuelo del apego

El deseo de atraer hacia nosotros o apartar lo que percibimos a nuestro alrededor es una gran fuerza en nuestras relaciones. En lugar de relajarnos y apreciar a la otra persona, nos entregamos a una lucha constante para conseguir lo que queremos de ella y evitar que llegue a nosotros lo que no queremos. Por esa razón, para construir relaciones saludables necesitamos tratar tanto con nuestro apego como con nuestra aversión.

Podría ser útil comenzar examinando nuestras suposiciones sobre el apego y el no apego. La sabiduría convencional lleva a muchas personas a preguntarse si son posibles las relaciones sin apego. He oído decir a algunos que sin él, no tendrían ninguna relación estrecha. La gente utiliza el apego como un anzuelo, tratando de atraer a los demás hacia sí mismos y, literalmente, pescarlos.

Si te resulta difícil imaginar cómo podría existir una relación afectuosa y sana en ausencia de apego, eso indica confusión entre estar desapegado y estar libre de apego. El desapego es muy diferente al no apego. Desapego sugiere una indiferencia insensible. En cambio, cuando hay una ausencia de apego, los sentimientos sanos cuentan con un amplio espacio para desarrollarse. Esto se debe a que el apego te hace consumirte totalmente por algo o alguien. Por ejemplo, no puedes dejar de pensar en una persona que conoces y que sientes que con seguridad hará tu vida perfecta. Tu espacio mental se encuentra completamente ocupado, hasta el punto de que estés tan absorto en ella que apenas puedes pensar en nada más. Permaneces bajo el hechizo de tu apego, como un pequeño insecto pegado a la miel, incapaz de escaparse.

Nos dejamos intimidar por las situaciones externas difíciles solo cuando estamos abrumados por nuestro propio apego. Por ejemplo, si nos encontramos con problemas en la vida, podemos sentir que nos rodean por todas partes y nos llevan en direcciones que no hemos elegido. Tanto en el caso de trabajar con el apego como con circunstancias difíciles, el problema que se nos plantea es imaginar cómo dirigir la situación por nosotros mismos. Para eso, necesitamos ser capaces de descubrir formas nuevas de pensar.

Cuando nos vemos superados por la situación, aunque no podamos dudar de su existencia, podemos sin embargo elevarnos mentalmente por encima de ella y echar una segunda mirada desde esta nueva perspectiva. Por ejemplo, si sentimos como si estuviéramos ahogándonos en un problema, tratemos de imaginarnos sentados en la cima de una montaña y contemplando la situación allá abajo, en el valle. Esto nos proporciona una manera diferente de ver las cosas, y puede revelarnos nuevas opciones para responder a ellas.

No estoy sugiriendo que os cerréis emocionalmente u os desentendáis de la situación. Por supuesto, en todo momento permanecéis conectados a ella. Pero si sois capaces de salir mentalmente de ella, podréis contemplarla desde una perspectiva diferente. De esa forma se crea una especie de segundo tú y se descubre otro ángulo de visión que ofrece una nueva manera de pensar. No apego no significa separarse de alguien ni dejar de estar plenamente comprometido en una relación. Más bien es un cambio en la perspectiva que te permite tener una visión más abierta.

Habida cuenta de todo el dolor y confusión que nos causan los apegos, es curioso lo difícil que nos resulta ver que el apego en sí mismo es un problema. He pensado mucho sobre esto, y me parece que una de las razones por las que esto sucede es porque tenemos una fuerte tendencia a buscar los fallos fuera de nosotros. Habitualmente, nos volvemos hacia fuera para asignar la responsabilidad de nuestros problemas y tendemos a culpar de nuestra desgracia a factores externos: «¿Dónde está el problema? ¡Está ahí fuera!».

Cuando los objetos de nuestro apego dejan de hacernos felices, vemos la culpa en ellos, y no en el sentimiento de apego que está arraigado en nosotros. Sin embargo, el apego es el problema, y es un problema que creamos nosotros mismos y para nosotros, en el sentido de que van dirigidos a nuestra gratificación personal y a servir a nuestros propósitos. El apego se basa en el propio interés. Por ejemplo, no nos acercamos a las personas a las que estamos apegados pensando fundamentalmente en su bienestar. Cuando nos ponemos a ello, estamos más interesados en cómo nos hacen sentir y en lo que obtenemos de ellas.

Esto se hace evidente cuando las cosas se vuelven insatisfactorias en una relación de apego: la culpa se le adjudica siempre a la otra persona. Existe el sentimiento de: «¿Por qué tengo yo que cambiar? Él debe ser quien cambie. Él es el único que causa el problema». Esto no sería así si estuviéramos verdaderamente preocupados por el bienestar de la otra persona. Si su felicidad fuera nuestra principal preocupación, trataríamos de actuar de manera que la beneficiara. Pero no es así como nos comportamos cuando nos dirige el apego. En realidad, el apego es egoísmo y nada más que egoísmo.

Cuando amas verdaderamente a alguien, esa persona es extremadamente valiosa para ti, tan valiosa como tu propia vida. Le tienes más cariño incluso que a ti mismo. Pero cuando estás apegado a la gente, la ves como si existiera en tu vida para satisfacer tus necesidades o hacerte feliz. Algunos hombres se disgustan cuando ven que su esposa habla con otros hombres (aunque también les ocurre a ellas con sus maridos). Si lo piensas, te darás cuenta de que esto es realmente extraño. ¿Por qué alguien quiere impedir a su ser querido hablar con otras personas? Este deseo de controlar las acciones del otro es egoísta e indica una preocupación exclusiva por los deseos y objetivos de uno mismo. Es una señal de que la relación está fundamentada básicamente más en el apego que en el amor.

## El amor como práctica

Cuando abandonamos la ventana del «mí» y lo «mío» que nuestro yo construido coloca entre nosotros y los demás, nuestras relaciones se nos pueden mostrar bajo una luz completamente diferente. Dejamos de relacionarnos con los otros sobre la base de lo que pueden hacer por nosotros y nos sentimos aliviados del deseo constante de atraer a algunas personas y mantener a distancia a otras. En lugar de ello, podemos ver las múltiples maneras de conectar positivamente con cada uno. Desde esta perspectiva amplia y abierta, se hace posible profundizar nuestro amor.

Cuando examinamos nuestra forma habitual de entender el amor, podemos descubrir que, a menudo, ponemos expectativas bastante descabelladas en él. La gente habla de amor perdurable o inmutable. En algunas lenguas occidentales existe la frase «hasta que la muerte nos separe», y también en tibetano decimos algo similar. Tengo algunos amigos que realmente creen en esto. Sin embargo, también vemos en nuestras relaciones que el amor evoluciona igual que evolucionan las circunstancias. El tiempo cambia, y el amor también se transforma.

Nos resistimos a reconocer esto. En lugar de ello, la gente piensa que sus relaciones amorosas serán siempre fabulosas, y que esta será la mejor de su vida. Muchas personas me hablan de sus experiencias, y al principio parecen encontrar terriblemente excitante todo lo que tiene que ver con esa relación. Se llaman uno al otro a diario y todas las conversaciones son fascinantes. Existe la expectativa de que las cosas permanecerán siempre en el mismo tono de alta intensidad. Pero, con el tiempo, y especialmente después de que se establezca un compromiso a largo plazo, tienden a perder interés. El «amor imperecedero» pierde su brillo. ¡Incluso he oído decir a algunas personas que el matrimonio es la tumba del amor!

A pesar de todo esto, creo que el amor puede ser duradero. Por ejemplo, en mi propio caso, tengo la convicción de que el amor que siento por todos vosotros no tiene por qué disminuir. El amor posee una cualidad perdurable cuando lo convertimos en una práctica espiritual consciente, pero no una práctica espiritual en el sentido de pronunciar algunas oraciones o realizar una pequeña meditación diaria. El amor es una práctica enorme y expansiva, una práctica grande y noble.

Alimentamos de forma activa nuestro amor trabajando sinceramente en nosotros mismos. Esta es la manera en que nuestra práctica espiritual puede convertirse en una condición que ayude al amor a perdurar. Práctica espiritual significa transformación de uno mismo. Significa cambio. No podemos contar con encontrar el amor y guardarlo en un cajón, como si dijéramos: «Yo te he dado mi amor, tú me has dado tu amor, y ahora solo tenemos que quitarle el polvo de vez en cuando, y todo está prácticamente hecho». Contrariamente a esto, el amor es una entidad viva. Como un árbol, necesita crecer continuamente, creando nuevos ciclos de hojas, flores y frutos. Si esto se interrumpe, el árbol se estanca y finalmente muere. Una vez abracemos el amor como una práctica plenamente activa, solo entonces, podemos empezar a hablar de amor imperecedero.

## El amor que perdura

He oído decir que si existe una razón para amar a alguien, eso no es realmente amor. Hay muchas razones ordinarias que la gente apunta cuando se explica por qué se ama a alguien. Algunos aseguran que es la belleza de la otra persona. Otros, su personalidad o la manera en que los mira. ¡Incluso he oído decir que la gente puede enamorarse de alguien por el color de su pelo! Sin embargo, si la razón del amor es superficial, evidentemente, no perdurará.

En mi opinión personal, no creo que el amor deba tener ninguna razón en absoluto. Más bien pienso que la razón para amar es tan inmensa y profunda que no puede ser limitada por ninguna razón particular.

Las relaciones pueden durar, pero cambian; a veces para mejor, pero a veces para peor. Incluso en una relación tan fundamental y perdurable como la que se da entre padres e hijos, las cosas pueden ir tan mal que no se hablen entre sí. Se puede llegar al punto de que se hagan daño física o verbalmente. Algunos incluso llegan a matarse. Sin embargo, lo que no puede cambiar es el hecho de que son padre e hijo. Aunque la forma particular de esa relación evolucione, la esencia de la relación no lo hará jamás. Poner el amor en el centro, o en la esencia, de una relación es una manera de lograr que perdure.

Lo que quiero señalar es que el amor puede ser verdadero y duradero, en las condiciones adecuadas. Esta es mi visión personal. El amor puede tener esta cualidad inmensa, omniabarcante. Se le puede dejar extenderse hasta impregnar el núcleo mismo de nuestras relaciones. Sin embargo, con frecuencia, en lugar de dejarle espacio para que se expanda, lo encerramos con nuestras expectativas. Las expectativas hacen que nuestro amor esté condicionado por lo que la otra persona hace o dice. También nuestra preocupación por la otra persona está, por consiguiente, en función de si cumple o no nuestros deseos. ¿Cuánto puedes esperar que dure el amor cuando exiges que cumpla tus condiciones y actúas como si fueras el dueño de la otra persona? Para que el amor perdure, es mejor no tener demasiadas expectativas. Es preferible limitarse a ofrecer amor.

Quiero compartir con vosotros un sentimiento que tengo. Siento que mi amor no tiene que permanecer dentro de las limitaciones de mi propia vida o de mi cuerpo. Imagino que si dejo de estar en el mundo, mi amor podría sin embargo permanecer en él. Deseo poner mi amor en la luna y que ella lo guarde. Que la luna sea la guardiana de mi amor, ofreciéndolo a todo el mundo, igual que envía su luz para abrazar a la Tierra entera.

## El amor es esencial

El amor puede alimentarnos, cuando lo vemos de la manera correcta. Muchas personas enfocan sus relaciones amorosas como fuente de disfrute o placer, mientras que tratan su trabajo como asunto de absoluta necesidad. Tenemos necesidades básicas de comida, vestido y refugio, y por eso vemos razones prácticas para tener un empleo. Esta idea puede llevarnos a creer que el trabajo es un asunto serio, mientras que, de algún modo, las relaciones están solo relacionadas con la diversión.

Cuando nos planteamos la vida de esta manera, terminamos tratando las emociones y las relaciones personales como algo prescindible. Parece que muchos individuos están más a gusto cambiando de pareja que cambiando de empleo. Aguantan mucha infelicidad e infortunio en el trabajo, porque lo ven como algo esencial para su vida, y no como un lujo opcional. Pero si una pareja o un amigo les causa demasiados problemas y no los hace felices, sienten que pueden desecharlos y encontrar un sustituto más tarde, en cuanto se presente la oportunidad. Esto se deriva de dar por supuesta la idea de que el amor es una parte prescindible de nuestra vida.

Puede que queramos acabar con una relación problemática sin abordar la causa subyacente de los problemas: nuestra mente y nuestro corazón. Existe un dicho tibetano: «Te enfadas con el yak, pero azotas al caballo». Esto nos recuerda lo ridículo que es responder solo a aquello que es la causa real de nuestra desdicha. El amor y el bienestar emocional tienen su fundamento en nosotros, no fuera. Por lo tanto, para desarrollar un amor real y tener relaciones sanas, no hay otra salida que esta: necesitamos investigar nuestra mente y nuestro corazón.

El amor verdadero puede sostenernos cuando aprendemos a abordarlo de la manera correcta. Para que sea duradero y sano, hemos de ver el potencial que tenemos en la mente y en el corazón. Deberíamos conocer los defectos y las virtudes que subyacen en nosotros. Esto significa reconocer la capacidad que tenemos para el amor, y afrontar el apego y el odio que también podamos albergar. La capacidad para el amor duradero descansa en nuestro corazón, pero también en el corazón se encuentran los obstáculos para amar de la manera adecuada: los hábitos egocéntricos, el apego, la aversión y las expectativas.

## Estar cómodos con el cambio

Cuando investigamos en nosotros mismos para descubrir la base para una relación saludable, vemos que nuestras ideas sobre el amor pueden crear obstáculos. Junto con la idea de que el amor debería ser eterno, está la expectativa irreal de que siempre permaneceremos junto al objeto de nuestro amor. Aquí la cuestión no es tanto que podamos perder nuestros sentimientos de amor, sino más bien que la relación misma puede llegar a su final por la muerte o la separación.

Existe una distinción importante entre el final de una relación y el final del amor. Nuestro amor por una persona puede, y muy a menudo así ocurre, sobrevivir al final de nuestra relación activa con ella. Sin embargo, este final puede ser doloroso simplemente por el hecho de que no estamos preparados para aceptar que ha terminado. Aun con toda nuestra inteligencia, de alguna manera no consideramos que amistades y parejas llegarán inevitablemente a un final, o con la muerte de uno de sus miembros o con una separación voluntaria.

Cuando cualquiera de estas dos cosas tiene lugar, sufrimos porque abrigamos expectativas que la realidad no puede satisfacer –en este caso, la realidad de la impermanencia–.

Nacimiento, enfermedad y muerte son ineludibles; no podemos evitar que sucedan. Sin embargo, nos aferramos a todo lo que nos gusta en nuestra situación actual –salud, juventud, relaciones satisfactorias– queriendo y esperando que continúen de forma indefinida. Pero el cambio es la característica más constante de nuestra vida. Teóricamente, sabemos que todos moriremos en algún momento, aunque hacemos todo lo posible por ignorar la inevitabilidad de la muerte. La única manera de escapar a ella es impedir el nacimiento, dado que todo lo que nace finalmente morirá. No obstante, impedir el nacimiento está ya por completo al margen de nuestras posibilidades. Obviamente, ya hemos nacido. Puesto que en este sentido nacimiento y muerte son una dualidad natural, estamos destinados a morir.

Estos pueden ser hechos muy duros de afrontar, lo sé. Pero negarlos puede causarnos mucho dolor, ya que nos deja emocionalmente vulnerables cuando las cosas llegan a su fin, como inevitablemente ocurrirá. Por incómodo que pueda ser, aceptar los hechos de esta realidad nos coloca en una posición mucho más favorable para afrontar sabiamente los cambios importantes de nuestra vida.

Para muchas personas, la muerte de un ser querido es la experiencia más dolorosa de su vida. Personalmente, también para mí resulta difícil. Cuando fallece alguien que conozco, siento que una parte de mí desaparece. No se pueden negar esos sentimientos reales de dolor que experimentamos cuando perdemos a un ser querido.

Las diferentes culturas tienen sus propias maneras de afrontar un duelo. Vuestra cultura puede deciros que es un tiempo para la aflicción, por lo que posiblemente te sentirás obligado o de algún modo animado a entregarte a la pena y el dolor. Sin embargo, llegará el momento de descubrir una respuesta nueva, más constructiva. Cuando eso sucede, puedes recordar que el centro de tu pena es la persona que amabas, y tal vez la misma persona y tu amor por ella puedan aliviar esa tristeza. Realmente, la pena está enraizada en el sentimiento de separación, en el sentimiento de haberla perdido. Sientes dolor porque la amabas. Sin embargo, ese amor te sigue conectando a ella, aunque se haya ido. Esta continuidad del amor puede también configurar tu respuesta para perderla de manera positiva.

En estos casos, encuentro útil ser consciente de que yo tenía afecto por esa persona y que ella tenía afecto por mí. También vosotros podríais tratar de reflexionar de esta manera: «Ella deseaba mi felicidad y trató de lograrla. Incluso cuando estaba moribunda, mantenía sin duda la esperanza de que yo fuera feliz. No quería que sufriera. Incluso después de haberse ido, sus aspiraciones continúan, y yo todavía puedo llevarlas a cabo. Sus esperanzas vivirán ahora como una parte de mí». Si adoptas verdaderamente esta perspectiva, puedes permanecer profundamente conectado con esa persona mediante el intento de hacer realidad sus aspiraciones con respecto a ti. Todos tus esfuerzos por vivir una vida sabia y feliz pueden convertirse en una manera de permitirle que siga cuidando de ti incluso ahora. De esta manera, el amor que tenía por ti, y tú por ella, puede continuar vivo.

Si a veces sientes que te deslizas de nuevo en la tristeza, puedes recordar que el deseo de tu ser querido había sido que fueras feliz, todos los días, y no que sufrieras. Si te permites hundirte en la pena, frustras las esperanzas que tenían depositadas en ti. Si puedes atenuar tu dolor, estás haciendo que su dolor termine también, mediante el vínculo de amor y esperanza que todavía te une con él.

## Cuando la gente se separa

Igualmente, cuando es una separación o ruptura lo que pone fin a una relación, puedes reflexionar sobre el hecho de que también eso es simplemente el resultado de la impermanencia. No te debería escandalizar ni sorprender en absoluto, aunque sientas dolor durante un tiempo. El cambio es una parte integral e inevitable de la vida. Puedes reconocer ese hecho y pensar que el cambio no siempre es necesariamente negativo, aunque tú mismo no lo eligieras.

En realidad, en determinadas circunstancias, abrazamos la impermanencia y realmente disfrutamos de ella. Observamos el cambio de las estaciones, y no tenemos ninguna dificultad en apreciar su belleza. Cuando el tiempo del esplendor estival llega a su fin, las hojas de los árboles adquieren una tonalidad naranja o amarilla. Luego llega el momento en que el viento se las lleva, y podemos disfrutar de la austera belleza de las ramas desnudas. Estos cambios son parte natural del ritmo de la vida. Cada fase aporta formas nuevas de bellcza.

Cuando dos personas se separan, puede haber igualmente frescor y lugar para un nuevo crecimiento. Ante el estancamiento se deja espacio para la libertad. La impermanencia puede traer muchas posibilidades. Incluso podríamos tener un irónico consuelo en el hecho de que hemos sido aliviados de una relación que se había vuelto problemática o convertido en una carga, ¡al menos para uno de los miembros de la pareja!

Aunque no sintamos que la separación es positiva para nosotros, puede serlo para la otra persona. Por el amor y el afecto que tenemos por el otro, deberíamos considerar su satisfacción y bienestar. Si hay una preocupación realmente auténtica por su felicidad, la separación física no significa una separación de tu amor por esa persona. Aunque ya no estés ni hables con nadie, puedes seguir manteniendo tu afecto y tu amor.

He observado una extraña idea que muchas personas parecen albergar: ven el amor como una especie de regalo que tiene que ser devuelto. Alguien dice «te quiero», y si el otro no responde con un «yo también te quiero», se disgusta. Pero el amor no siempre tiene que ser recíproco. Podemos simplemente amar. Si el amor no vuelve a ti, no deja de ser amor lo que das y lo que sientes. No siempre tenemos que tratar de conseguir algo a cambio de lo que damos, ¿no os parece?

Así es como yo lo veo, pero he observado que a la mayoría de la gente el amor no correspondido y el final de una relación le resulta emocionalmente muy duro. Sin embargo, reflexionar sobre la impermanencia y cambiar el foco de atención hacia el bienestar del otro son dos maneras de mantener el equilibrio incluso frente a estas experiencias difíciles.

## El lugar de las proyecciones

Anteriormente hablé del impacto que nuestras identidades construidas tienen sobre nuestras relaciones. También construimos identidades para otros, proyectando imágenes que luego afectan a lo que vemos en ellos y a cómo nos relacionamos con ellos. Esas elaboraciones mentales pueden crear barreras importantes entre las personas.

Me gustaría compartir con vosotros un ejemplo de mi propia vida. Cuando tenía catorce años, escapé del Tíbet. Mis compañeros de viaje y yo tuvimos que cruzar clandestinamente las montañas, y estábamos aterrorizados ante la posibilidad de que los policías chinos nos descubrieran. Recuerdo que llevaban sombreros con una forma muy particular, parecidos a unas sillas. La mera forma de esos sombreros podía atemorizarnos.

En nuestro camino a la frontera nepalesa, tuvimos que pasar junto a dos campamentos del ejército chino. El primero era el más peligroso, porque aunque consiguiéramos evitar que nos capturasen, si los soldados se daban cuenta de nuestra presencia podían telefonear al siguiente puesto de control y seríamos detenidos allí. Tuvimos que esperar en el coche durante cuatro horas en una noche muy fría de invierno, porque habíamos llegado a las 10 de la noche y no podíamos continuar hasta que los guardas se durmiesen. Los que estaban conmigo en el coche me decían que tratara de descansar. Pero ¿cómo podía dormir? Todos teníamos un miedo terrible a los soldados chinos. Por un momento, creímos oír golpes en la puerta, pero miramos fuera y allí no había nadie. Estábamos tan asustados que empezábamos a imaginar cosas, y eso nos asustaba todavía más.

Era evidente que eso no nos ayudaba. Tenía que encontrar otro método para superar la experiencia. Así que finalmente me dije: «Esos soldados chinos son también seres humanos. No son monstruos ni demonios, ni tienen todas las cualidades que les atribuimos. Podríamos hablar con ellos; son personas como nosotros».

Con esos pensamientos, comencé a tranquilizarme. Por supuesto, era consciente de que nos encontrábamos en una posición muy vulnerable, pero añadiendo mis propias proyecciones a los peligros reales, estaba haciendo las cosas aún más difíciles de lo que ya lo eran.

Este puede ser un ejemplo extremo, pero sirve para ilustrar mi observación de que fabricamos identidades para los otros así como para nosotros mismos, y estas proyecciones tiñen claramente nuestra relación con los demás. Tal como yo mismo experimenté en mi salida del Tíbet, ¡las identidades que fabricamos y proyectamos sobre otras personas pueden incluso impedir que las veamos como seres humanos!

Una manera eficaz de mejorar nuestras relaciones es aprender a reconocer nuestras proyecciones inútiles y renunciar a ellas. Necesitamos hacerlo así para poder ver con claridad a los otros y aceptarlos más plenamente como son. En otras palabras, las relaciones sanas implican un elemento de aceptación, o de lo que podríamos llamar paciencia.

## Entrenarse en la paciencia

La paciencia es la sabiduría que nos permite ser complacientes y serviciales. A pesar de ello, no implica obligarnos a soportar cosas que no nos gustan o a almacenar el resentimiento dentro de nosotros. No significa permanecer pasivos frente al mal. Más bien la paciencia supone una aplicación activa del razonamiento prudente para disolver conscientemente cualquier resentimiento que pudiéramos albergar hacia los otros.

El ejemplo clásico en la enseñanza budista es preguntarnos: si alguien nos pega con un palo, ¿nos enfadaremos con el palo que nos golpea? Si analizamos la situación, hemos de reconocer que tiene más sentido enfadarse con la mano que esgrime el palo. Sin embargo, es la mente la que dirige a la mano. Y, a su vez, la mente está actuando bajo la influencia de la ira. Finalmente, es la ira la que mueve el palo. Esto nos recuerda que la culpa real radica en la ira. Cuando reflexionamos de este modo, se hace evidente que no podemos dirigir razonablemente nuestro resentimiento contra la persona. Solo podemos enfadarnos justificadamente con la ira misma.

Lo fundamental aquí ¡no es dejar que alguien nos pegue con un palo! Lo fundamental es que estamos usando nuestro razonamiento para deconstruir las identidades que hemos fabricado para los demás. Aun en el caso de personas cuyas acciones parezcan exigir que las veamos de una sola manera, podemos sin embargo usar nuestro razonamiento para ampliar nuestra visión. Para esto es sumamente útil distinguir al individuo de sus acciones y de los trastornos emocionales que lo puedan subyugar en un momento dado. Cuando lo hacemos, podemos aprender a ver a los otros como víctimas de sus propias emociones, y no responder con miedo o ira, sino con compasión y con la sabiduría de la paciencia. De esta manera, la paciencia nos da más opciones de cómo relacionarnos y responder a los otros.

## Liberarse de defectos

Mientras seamos seres humanos, inevitablemente cometeremos errores. Hasta que aprendamos a dominar completamente las emociones ingobernables, haremos daño a los demás y a nosotros mismos. Es importante, por lo tanto, que encontremos maneras constructivas de responder a las situaciones desafortunadas que surgen en nuestras relaciones. La paciencia nos permite relacionarnos de manera constructiva con las equivocaciones de los demás. Junto con la paciencia, el perdón de los errores pasados es parte integrante de unas relaciones sanas. El perdón da a la otra persona espacio para crecer y para liberarse de sus errores.

Al mismo tiempo, resulta evidente que los defectos nunca están exclusivamente en un lado de la relación. Por esta razón, si nos tomamos en serio el hecho de forjar unas relaciones que funcionen, debemos reconocer también nuestras actitudes imperfectas y trabajar en ellas. Cuando nos comprometemos a identificar nuestros propios fallos y a transformar nuestra mente, entonces y solo entonces son posibles unas relaciones sanas.

He observado que algunas personas pueden ser muy críticas consigo mismas. Cuando alguien tiene una autoestima baja o tendencia a juzgarse severamente, existe el peligro de que al enfrentarse a sus faltas pueda terminar reforzando una imagen insana de sí mismo. Una identidad negativa fabricada puede llegar a parecer aún más real y sólida, y esto hace difícil la transformación. Para esa persona en particular, pero también para muchos de nosotros en general, es más inteligente afrontar nuestras faltas con un espíritu global de perdón. En las relaciones, así como en nuestra propia vida, necesitamos espacio para crecer y aprender de nuestros errores. Perdonarnos a nosotros mismos así como a los otros es una herramienta poderosa para el cambio.

Me gustaría ofrecer varias sugerencias para aprender a perdonarnos a nosotros mismos desarrollando una práctica personal de lo que podríamos llamar vagamente «confesión».

Algunas tradiciones cristianas y budistas incluyen la confesión formal como práctica espiritual. La palabra que en tibetano usamos para «confesión» significa también «apartar» o «separar». La confesión, según la interpretación tibetana, implica separarse de la actividad perjudicial, negativa, por lo que esta idea amplia de la confesión podría ser adoptada también fuera de un contexto religioso.

Por ejemplo, si hemos mentido, confesar podría implica revelar abiertamente lo que hemos hecho y reconocer que estaba mal. En la confesión tradicional, esto se haría delante de una autoridad religiosa. Pero creo que se podría adaptar a nuestra situación personal. Podríamos admitir nuestros errores directamente ante la persona a la que hemos hecho daño, ante un amigo de confianza o ante un tercero. Pienso incluso que podríamos salir solos a la naturaleza, y hacer nuestra confesión hablando a los árboles, a la brisa que sopla o al firmamento.

Sea como fuere que hagamos nuestra declaración verbal, el punto clave es que no consideremos cerrado el asunto con las meras palabras, sino que generemos también el sentimiento: «Eso estuvo mal. Esas acciones son perjudiciales y no quiero tener que ver con ellas nunca más. No quiero volver a hacer eso de nuevo, jamás. Deseo alejarme de esas acciones tanto como pueda. Ahora voy a ser una persona nueva». De esta manera, nos distanciamos de la conducta perjudicial, o nos «separamos» de ella. Esto nos ayuda a comenzar de nuevo como una especie de persona diferente que se ha apartado de la persona anterior que hizo el daño, a ver por nosotros mismos que podemos dejarla atrás y convertirnos en alguien distinto. Así, reconocemos que la acción no define quiénes somos.

Lo fundamental es crear las condiciones para romper con nuestros errores. Esto no sucederá si simplemente nos confesamos de manera rutinaria o por puro formulismo. Si vamos a nuestro templo o iglesia y pronunciamos algunas palabras, pero luego volvemos a casa con el mismo pesado equipaje, no cumplimos el propósito de la confesión. Una vez hemos tomado la decisión sincera y de todo corazón de dejar atrás esa conducta, no hay ya ninguna necesidad de hacerse reproches. No necesitas volver a visitar de nuevo tus recuerdos de lo que hiciste como aquella persona que eras antes. Has terminado con ella.

Abrigar un sentimiento de culpa no es bueno para nadie. «Soy muy malo, estoy lleno de faltas, soy una persona terrible»: si nos aferramos a estos pensamientos y nos identificamos con nuestros errores, de nada sirve confesar ante el Buda o ante quien sea. Agarrarse a una identidad o imagen negativa fabricada por nosotros mismos, recordar nuestros errores pasados y revolcarse más en la culpa y el remordimiento nos introduce más profundamente en formas negativas de pensar y actuar.

Así no se aprovecha lo más importante que la práctica personal de la confesión puede ofrecernos. La confesión implica transformación: tomas la decisión de cambiar. Esto es algo que necesitas hacer tú mismo; nadie más lo puede hacer por ti. La confesión supone separar el pasado del futuro. Te confiesas y luego dejas ir, por eso puedes seguir tu camino sin repetir el error.

## Perdonar a los otros

Creo que cultivar la práctica de la confesión y perdonarte a ti mismo puede ser una manera de prepararse para perdonar a los demás. Entre los errores que otros han cometido, algunos de ellos pueden haberte herido o perjudicado. Quieres que cesen en ese comportamiento hacia ti, y de alguna manera tu perdón puede ayudarlos a dejar atrás esos patrones de conducta y a transformarse en una persona nueva, igual que tu propia confesión lo hizo por ti. Eso no significa que condones su comportamiento pasado; significa que quieres contribuir a la creación de un futuro en el que ya no se comporten del mismo modo. Igual que la práctica de la confesión puede ayudarte a ver que tus acciones equivocadas no te definen como individuo, así puedes distinguir también entre la conducta perjudicial del otro y la persona misma.

Para perdonar a alguien que te haya hecho daño, resulta útil reflexionar sobre el hecho de que sin duda estaba impulsado por algún trastorno emocional intenso. La lógica que usábamos al preguntarnos quién maneja en realidad el palo puede ayudarnos aquí. Lo habitual es que las emociones disparatadas lleven a actuar de manera disparatada, y podrías llegar a verlos como personas que padecen una locura transitoria. Cuando se cae en las garras de unas emociones intensas, se pueden realizar todo tipo de acciones nocivas para otros, pero también para uno mismo. Cuando te das cuenta de que sus emociones están llevando a alguien a actuar de esa manera, lo ves de forma diferente. Examinando globalmente la situación, puedes ver que esa conducta no es realmente intencionada. Si reflexionas, comprenderás que, en sus momentos más lúcidos, esa persona nunca habría actuado así.

Otra opción es considerar su acción como el resultado de un veneno o una droga que tomaron sin saberlo. En realidad, puedes pensar que si no hubieran sido sojuzgados o drogados por emociones aflictivas, nunca se habrían entregado a esa conducta nociva. Cuando reconoces que son víctimas de sus propias emociones, creas un espacio para que crezca la simpatía y el afecto por ellos. El afecto que pudieras sentir por ellos antes de que te hicieran daño puede despertar de nuevo. Finalmente, es posible que tu anhelo de ver a la otra persona libre del sufrimiento que está creando para sí misma pese más que tu preocupación por lo que te está haciendo.

Abandonar la preocupación por tu bienestar para asumir una preocupación auténtica por la otra persona puede transformar tus relaciones, y transformarte a ti como ser humano. Puedes llegar a ofrecer bienestar a los otros y estar dispuesto a llevar también su carga. Este es un cambio de perspectiva muy sencillo que puede reorientar completamente tus relaciones. De hecho, pienso que podría dar lugar a establecer unas relaciones óptimas.

# 4

# Identidades de género

## TODO ESTÁ EN LA MENTE

Aunque tenemos un potencial ilimitado, podemos terminar sintiéndonos atrapados en un papel particular en la vida o en una determinada interpretación de quiénes somos. ¿Cómo sucede esto? Nos limitamos cuando adoptamos identidades específicas, y luego creemos que eso es en realidad lo que somos y lo que debemos ser. Esto sucede claramente con el género.

A menudo el género parece definir nuestro lugar en el mundo y nuestras experiencias de vida, aunque no sea más que una identidad construida socialmente. Nuestras ideas sobre lo que significa ser una mujer o un hombre –es decir, nuestro concepto de género– adquieren sentido e importancia en nuestra realidad cotidiana. Las identidades de género impregnan tanto nuestra experiencia que resulta fácil olvidar que son tan solo ideas creadas para clasificar a los seres humanos. No obstante, las categorías de masculino y femenino son tratadas a menudo como si fueran verdades eternas. Pero no lo son. No tienen ninguna realidad objetiva. Porque el género es un concepto, es un producto de nuestra mente, y no tiene ninguna existencia absoluta que esté separada de la mente que la concibe. Las categorías de género no son inherentemente reales en sí mismas ni por sí mismas.

Sin embargo, nuestro género configura nuestras experiencias cuando llegan a formar parte de nuestro sentido del sí mismo, o lo que he denominado en el capítulo anterior nuestro yo construido. Fabricamos diferentes identidades para las mujeres y para los hombres, y nos aferramos a ellas. En otras palabras, hay yoes elaborados masculinos y yoes elaborados femeninos, que son solo ideas que hemos creado.

## Las «realidades» sociales

Aunque no tengan ninguna realidad objetiva, las estructuras de género afectan a nuestro lugar en la sociedad. Influyen en cuánto dinero recibimos por el trabajo que hacemos y en los papeles que desempeñamos en nuestro hogar. Influyen en que nos sintamos cómodos o incómodos al expresar ciertos aspectos de nuestra personalidad. Pueden determinar la ropa que llevamos y afectar a nuestra relación con nuestro propio cuerpo.

Efectivamente, la sociedad se toma la distinción entre lo masculino y lo femenino muy en serio. Industrias al completo refuerzan los ideales de género, como, por ejemplo, que los chicos deberían ser fuertes y las chicas, sensibles. Se promueve la idea de que quienes tienen cromosomas Y deben exhibir «cualidades masculinas» y quienes portan cromosomas X han de mostrar «cualidades femeninas». Esto nos reprime, ya que nos limita a estructuras socialmente construidas, y provoca mucho sufrimiento a todo el mundo.

En mi caso personal, no siempre tengo clara esta distinción entre estas cualidades. La gente me ha dicho que tengo más cualidades femeninas que masculinas. No sé muy bien qué significa eso. Únicamente tengo el sentimiento de cómo se sienten estas cualidades, pero no asumo ninguna etiqueta de «femenino» o «masculino» que se acople a los sentimientos. Solo los experimento.

Para mí, personalmente, saber cómo definir y clasificar todo esto no es importante. Lo que me importa es ser capaz de conectar con los otros de corazón a corazón, con un sentimiento real. Lo que valoro es la capacidad de hablar desde mi corazón, y ser tierno y solícito. Ciertamente, son las cualidades a las que aspiro, y me es indiferente que se clasifiquen como femeninas o masculinas.

## El equilibrio requiere ambas

No importa cómo dividamos el conjunto de las cualidades humanas positivas; seamos hombres o mujeres, todos deberíamos desarrollarlas, tanto las que la sociedad llama masculinas como las que denomina femeninas. Esta es una idea que se enseña en el budismo tibetano. En sus textos, la sabiduría y los medios hábiles son dos cualidades espirituales muy valoradas: se conceptualiza la sabiduría como cualidad femenina, mientras que la condición de ser experto en encontrar maneras de realizar los objetivos se conceptualiza como masculina. El resultado óptimo se da cuando las dos se unen; por lo tanto, estas cualidades «masculinas» y «femeninas» deberían estar integradas en toda las personas.

El budismo tibetano es conocido por sus descripciones de deidades en unión sexual, que simbolizan la integración de lo masculino y lo femenino. Muchos occidentales llegan a la conclusión errónea de que estas imágenes tienen algo que ver con el *Kama Sutra*, que son tal vez vagamente hindúes y sin duda algo biológico relacionado con el sexo. Esta es una interpretación totalmente equivocada. Más bien, estas imágenes nos recuerdan –sea cual fuere la manera en que una sociedad etiquete los diferentes rasgos personales– que todo el mundo necesita ambas facetas, tanto la considerada femeninos como la considerada masculina. Los textos tibetanos enseñan que el mayor despertar espiritual del que un ser humano es capaz no puede alcanzarse sin la unión de la sabiduría y los medios adecuados. En otras palabras, no podemos convertirnos en un buda a menos que los dos tipos de cualidades estén presentes e integradas en nosotros. Esto nos recuerda que todos albergamos en nuestro interior la capacidad de desarrollar cualquier cualidad positiva y lo beneficioso e importante que es para nosotros tener todas esas cualidades positivas, independientemente del género con el que se asocien.

Por esa razón, en lugar de sentirse uno incómodo por presentar rasgos femeninos y masculinos, ¡creo que deberíamos sentirnos desequilibrados si solo tenemos los unos o los otros! Tendríamos que sentirnos más cómodos con ambos tipos de cualidades en nosotros.

En Asia existe la idea de *yin*, principio femenino, y *yang*, principio masculino. Las tradiciones de los nativos americanos hablan de la Madre Tierra y el Padre Cielo. Necesitamos ambos para tener el conjunto entero, para estar equilibrados y para ser seres humanos completos. Es absurdo por tanto que las personas sean sometidas al ridículo por asumir ambas cualidades masculinas y femeninas. En cualquier caso, la definición de estas cualidades difiere de una cultura a otra. Ninguna de estas concepciones de género son permanentes. Igual que el resto de nuestras identidades construidas, las de género son fluidas y cambiantes.

## Evolucionar con los tiempos

Como los ideales de género no son fijos, cambian con los tiempos. Las definiciones de los papeles de género en las sociedades particulares se basan en lo que es conveniente para un tiempo o un lugar dados. Podemos ver un ejemplo de esto en los tiempos prehistóricos, cuando los seres humanos tenían que luchar y cazar para asegurar la supervivencia del clan o de la especie. Para esos propósitos, la fuerza física y la agresividad eran cualidades muy valoradas. Debido a la superior fuerza física de los hombres, asumieron un papel más importante durante una época en que la sociedad dependía de la fuerza bruta. Pero los tiempos han cambiado. Ya no necesitamos dividirnos en cazadores y recolectores. Ahora tenemos que trabajar juntos para crear paz, armonía, una actitud compasiva y un cuidado amoroso.

En esta época de comunicación global y armas de destrucción masiva, más que imponer nuestra voluntad por la fuerza necesitamos urgentemente encontrar caminos para acoplar voluntades divergentes. Está siendo un proceso largo y gradual, pero creo que el mundo va llegando poco a poco a comprender que lo que ahora necesitamos no es la capacidad de hacer afirmaciones, sino la capacidad de escuchar. En concreto, teniendo en cuenta el poder increíblemente destructor de las armas que tenemos a nuestra disposición, parece evidente que precisamos sentarnos para dialogar, y no ponernos en pie para luchar.

Esta época nos pide que contemplemos a los otros con la mirada atenta y cariñosa de una madre, y no con los ojos hostiles del guerrero en la batalla. Si vamos a dividir las cualidades en masculinas y femeninas, las que hoy más se necesitan son las descritas con más frecuencia como femeninas. Precisamos comunicación y escucha sensible a las necesidades de los otros, cualidades que probablemente se identifiquen más con las mujeres que con los hombres en la mayor parte de las sociedades.

Es el momento de que reconozcamos verdaderamente que la época del cazador ha pasado. Esta debería ser una época más «femenina», en la que las mujeres hagan mayores contribuciones a la sociedad. Si continuamos devaluando lo que tienen que ofrecer, seguiremos haciéndoles daño y pasando por alto y devaluando las virtudes consideradas «femeninas». Y estas son precisamente las que más necesita actualmente el mundo.

## LOS DERECHOS DE LAS MUJERES SON DERECHOS HUMANOS

Por esta razón, creo que es imperativo que cambiemos nuestras ideas básicas sobre el género y los derechos de las mujeres. Tengo que admitir algo: cuando me expusieron por primera vez la noción de «derechos», no me conmovió. Esto pudo haber sido porque el término usado en tibetano para traducir el concepto de «derechos» incluye la palabra para «ganar» o «vencer», y también puede significar «porción». La discusión me dejó con la impresión de que luchábamos por quién consigue una parte de los bienes, como si el derecho de una persona a lograr algo significara que otras tuvieran que perder. Por eso, luchar por los derechos sonaba como tratar de derrotar a otros y quitarles algo, como en una especie de juego en que la suma de positivo y negativo, de tener y carecer, debe dar siempre cero. Cuando piensas en los derechos de ese modo, parece como si los de las mujeres tuvieran que implicar quitar algo a los hombres.

Mucho después, participé en una conferencia TED en la India –una organización sin ánimo de lucro dedicada a «compartir ideas que valen la pena»–. Escuchar cómo los participantes hablaban sobre derechos me abrió una nueva perspectiva mental. Aprendí algo especialmente importante de una conversación que tuve con una activista feminista durante la conferencia, que me llevó a cambiar mi antigua forma de ver el tema de los derechos de las mujeres. No había ningún traductor presente cuando nos encontramos, y yo no comprendía todo lo que ella decía. Pero hablaba muy convincentemente del asunto, con un gran sentimiento. Escuchando lo que decía, comprendí que se trataba de una cuestión de derechos humanos básicos. Se me hizo evidente que quienes trabajan por los derechos de las mujeres tratan de conseguir para ellas lo que todos los seres humanos necesitan y merecen.

## El sufrimiento particular de las mujeres

Me gustaría compartir algo personal con vosotros. Soy una persona que tiene una relación sana con sus padres. A pesar de eso, escapé del Tíbet y, por consiguiente, los dejé atrás. Sentía que las razones para marcharme pesaban más que las razones para permanecer allí, y por eso hice ese sacrificio. Sin embargo, queda por ver si seré capaz de cumplir plenamente los objetivos por los que abandoné mi hogar y a mis padres. Sigo sintiendo un profundo amor por ellos, especialmente por mi madre. Pero no sé si la volveré a ver algún día.

Trato activamente de aumentar mi conciencia del sufrimiento particular de las mujeres. Basado en el amor que siento por mi madre en esta vida, mi actitud es la de ver a todas las mujeres del mundo como ella y tratar de beneficiarlas. Hay ciertas clases de sufrimiento al que las mujeres se enfrentan solo por el hecho de ser mujeres. Es mi decisión y aspiración dedicar toda mi vida a acabar con su sufrimiento. Sea cual sea el resultado de mis esfuerzos, quiero intentar aliviar su dolor y cambiar las difíciles circunstancias que afrontan.

Incluso con todo el progreso social que hemos experimentado, parece que en muchas partes del mundo las mujeres no son todavía tratadas plenamente como seres humanos. La violencia perpetrada contra ellas sugiere que no e las considera personas, sino objetos. Aunque las nociones de género sean meros conceptos, podemos ver que pueden ser fuerzas terriblemente poderosas que configuran nuestras experiencias y afectan a la forma en que tratamos a los demás. Cuando nos aferramos a categorías de género construidas socialmente, pensando que reflejan la verdadera realidad, podemos no ver al ser humano individual, fijándonos en cambio en las etiquetas que les hemos colocado.

He visto informes que indican que en la India una mujer es violada cada tres minutos. Las cifras son semejantes en los Estados Unidos. Esta es una situación extremadamente grave. Estas cifras dejan claro que buscar los derechos de las mujeres no tiene nada que ver con ganar o perder, ni con quitar nada a los hombres. Los derechos de las mujeres tienen que ver con el respeto al valor de la vida y la libertad humanas. Tiene que ver con el reconocimiento de nuestra humanidad compartida y los lazos humanos básicos que nos unen. Esta conciencia respetuosa no es algo que pueda ser legislado o creado mediante estrategias económicas.

El mismo hecho de que la violación siga siendo tan común, aunque esté contra la ley, muestra que no basta con la legislación. Cuando hablamos de derechos legales, debemos considerar quién controla y aplica las leyes, y cómo estas pueden ser manipuladas por los diferentes partidos. Lo mismo sucede con la creación de oportunidades económicas para las mujeres. Estas medidas son necesarias, pero no suficientes. El problema va más allá de la legislación o la política social. La solución debe estar enraizada mucho más profundamente en nosotros, y el cambio se tiene que producir en un nivel mucho más hondo, en el nivel de nuestras actitudes.

Efectuar un cambio en los derechos de las mujeres no es como colocar un objeto a salvo de un daño. Mientras continúen las actitudes negativas, la seguridad de las mujeres seguirá estando en peligro. El cambio exterior no puede producirse sin un cambio interior. Cuando un problema está enraizado en el enfoque habitual y en el pensamiento habitual de una sociedad, una modificación de la legislación solo tiene efectos limitados. Después de todo, no se puede legislar un cambio de pensamiento.

Nosotros, los budistas tibetanos, tenemos una oportunidad de hacer algo práctico para mejorar las cosas instaurando la ordenación monástica plena para las mujeres, que estaba vigente en la India, pero nunca se estableció plenamente en el Tíbet. Inicialmente, yo pensaba que el principal obstáculo para hacerlo estaba en las reglas y las normativas monásticas. Pero más tarde comprendí que el problema real era el pensamiento de la sociedad acerca de las monjas y las mujeres. Ahora siento que solo seremos capaces de cumplir nuestro objetivo cuando la sociedad tibetana llegue a ver lo valioso que sería tener mujeres plenamente ordenadas.

Es conveniente hacer aquí una nota de advertencia. Aunque haya muchos aspectos de las enseñanzas budistas que pueden ayudarnos a pensar más sabiamente sobre las cuestiones de género, quiero advertir contra la idea de que las sociedades budistas ofrecen un ejemplo idóneo de unas concepciones y unas prácticas de género saludables. Debes contar con que puedes encontrar cosas que no te van a gustar. No todo en las instituciones budistas es perfecto, y este es sin duda el caso cuando se llega a la discriminación de género.

## Los ideales de género también hacen daño a los hombres

Por importante que sea abordar el impacto de las construcciones de género en la vida de las mujeres, deberíamos recordar que las identidades de género socialmente elaboradas son asimismo problemáticas para los hombres.

Los hombres están atados por papeles sociales, igual que lo están las mujeres. La visión habitual de la sociedad sobre el género se nos impone a todos.

Esto también sucede en el Tíbet. Por ejemplo, en muchas culturas se considera «poco viril» llorar. En Kham, la región en que nací, se espera que los hombres sean «valientes». Este es el rasgo khampa que tradicionalmente se ha supuesto que debían exhibir los hombres, y que se sigue fomentando en la actualidad. En los tiempos antiguos, era signo de gran valor para un khampa morir en la guerra, una señal de ser un «hombre verdadero». Para ser un «hombre verdadero» tenías que hacer uso de medios violentos y no tener miedo cuando eras atacado. De hecho, un «hombre verdadero» invitaría a su adversario a dar el primer golpe. Luego, cuando este le golpeara, se supone que no debía gritar ni mostrar ningún dolor. Incluso solía ser habitual que si un hombre quería mostrar su valentía luchara desnudo, solo con la espada. Nunca habréis visto nada igual a la manera en que se luchaba con espadas en esa parte del Tíbet. No había ninguna técnica, ni kung fu, ni delicadeza. Simplemente se pegaban porrazos con la espada. ¡Podría servir perfectamente para una película de acción y aventuras, de las que se hacen en Hollywood!

Por lo que a mí se refiere, soy un khampa, pero no me gusta en absoluto adoptar una postura agresiva ni enfrentarme a otros. Las personas que velan por mis intereses a veces me aconsejan que sea menos amable y que pase más a la ofensiva. Me previenen contra el hecho de ser demasiado abierto y confiado. Me advierten de que las personas pueden tener todo tipo de motivaciones diferentes y objetivos ocultos, y es posible que traten de engañarme o de usar mi nombre para sus propios fines. Aunque he prestado atención a este consejo, no puedo cambiar. En realidad, no quiero hacerlo.

## La base biológica

A diferencia de las identidades de género, que son construcciones sociales, sabemos que existen algunas diferencias biológicas reales entre los hombres y las mujeres. Esto es obvio. Si el objetivo es llegar a ser completamente idénticos –borrar cualquier distinción entre ambos– esa no es realmente una opción, porque hay ciertas distinciones físicas que no se pueden negar. Por supuesto, algunas personas pueden querer cambiar médicamente esa distinción biológica, y eso está bien, pero, en general, la diferencia biológica está ahí.

Sin embargo, lo que podemos cambiar es lo que esas diferencias biológicas significan socialmente. El significado social de nuestras diferencias biológicas es algo creado por nuestras ideas sobre el género, es decir, lo que el género significa socialmente está determinado por la mente, y no por el cuerpo. «Masculino» y «femenino» son identidades elaboradas que crean las sociedades, no la naturaleza. Cuando pensamos de manera más sutil, más allá de las distinciones anatómicas obvias, vemos que la base fundamental de los seres humanos incluye aspectos femeninos y aspectos masculinos, psicológica e incluso biológicamente.

En la tradición judeocristiana, la visión dominante es que primero fue el hombre, y la mujer vino después. Pero en los textos budistas se cuenta una historia muy diferente. Hay un relato que afirma que, en el principio, no había ni hombres ni mujeres, sino solo seres humanos. Todo el mundo era igual, social y biológicamente.

Sin embargo, a medida que los seres humanos consumían cada vez más sus recursos naturales, se volvían más arrogantes. En cierto momento, según este relato, empezaron a comer una planta especial que producía un nuevo fruto casi tan pronto como se arrancaba el antiguo. La ingestión de ese fruto hizo que los seres humanos desarrollaran distintos órganos, y de este modo la especie se dividió en hombres y mujeres.

Esta historia imagina que hubo un tiempo en el que se podía ser humano sin ser hombre ni mujer. Esto sugiere que el ser humano es anterior al hecho de ser macho o hembra.

Tal como yo lo entiendo, la medicina occidental enseña que, biológicamente, todos empezamos como hembras. Durante la formación del feto en el útero, inicialmente los seres humanos son hembras, y solo más tarde una parte deja de serlo para transformarse en machos. Esta es también la interpretación de los textos médicos tibetanos, que explican que la diferencia entre hombres y mujeres depende de si el órgano sexual se ha hecho manifiesto o permanece interno.

Si se quiere dividir a la sociedad en categorías basadas en las diferencias físicas, se puede encontrar un fundamento para hacerlo. Pero no hay ninguna necesidad de establecer esas divisiones. Y la manera en que construimos identidades en torno a ellas es bastante arbitraria. En otras palabras, como he dicho, las construcciones de género no son nada más que el producto de una elaboración social. Son solo las condiciones sociales y nuestros propios conceptos los que hacen que parezcan reales y absolutas.

## Imágenes nocivas del cuerpo

En general, creo que nos hemos metido en un montón de problemas al exagerar la importancia del cuerpo. Muchas personas parecen creer que la felicidad puede venir del cuerpo. Esta es una expectativa absurda. Revela una seria confusión entre la gratificación pasajera de los sentidos y la felicidad estable y plena que nos ha llevado a tener relaciones profundamente insanas con nuestro cuerpo.

Los ideales de género tienden a darle al cuerpo un papel exagerado en nuestra vida y en nuestra identidad. Este es otro ejemplo de confusión, de tomar erróneamente una identidad construida por quienes en realidad somos. Las construcciones de género incluyen un ideal al que un cuerpo femenino o masculino debería parecerse. Por absurda que sea esta idea, lo cierto es que muchos realmente sienten que su identidad y felicidad personales dependen de lo ajustadamente que su cuerpo se adapte a ese ideal. Si miramos nuestro cuerpo como una fuente de felicidad –o pensando que puede decirnos algo significativo sobre quiénes somos– habremos entrado ya en una relación completamente irreal con él.

Las relaciones insanas con nuestro cuerpo se manifiestan de varias maneras. Algunas personas se someten a cirugía estética, tratando de esconder los signos naturales e inevitables del envejecimiento. Otras desarrollan desórdenes alimentarios: o comen demasiado, buscando su propio placer, o se obligan a comer lo mínimo en un intento de resultar atractivas a los demás.

Hay quien piensa que tener un cuerpo delgado puede procurarle felicidad. Pero cuando pierden peso y no se vuelven felices automáticamente, en lugar de comprender que no es de ahí de donde viene la felicidad, piensan que el problema es que no están suficientemente flacas. La anorexia es una enfermedad terrible, una inanición autoimpuesta. Vi en una ocasión un reportaje sobre una modelo anoréxica francesa que murió porque literalmente se privó de comida hasta la muerte. Francamente, estaba tan delgada que parecía menos un ser humano que un esqueleto andante. Esto es terriblemente triste y absurdo.

Algunas personas pasan muchas horas en el gimnasio tratando de que su cuerpo tenga un aspecto determinado. Como en el caso de la dieta extremada, esa actividad también puede estar motivada por el deseo de tener un cuerpo que coincida con los ideales mentales, y esos ideales están también muy basados en las construcciones de género.

Es preciso no dejarse engañar. La felicidad no está definida por la forma o el tamaño del cuerpo, como tampoco se define por el color de la piel.

Todo esto resulta tan obvio que parece absurdo tener que decirlo, pero cuando miramos a nuestro alrededor podemos comprobar que este mensaje todavía no ha sido asumido. En la India hay un producto que la gente usa para aclarar su piel. He oído que en Occidente algunas personas se tumban al sol para broncear su piel. Estos son intentos absurdos de utilizar nuestro cuerpo para tratar de ser felices. Cuando estos intentos fracasan, deberíamos usar la inteligencia para analizar dónde se encuentra realmente el problema. Y preguntarnos cómo es posible que, como sociedad, hayamos llegado al punto de creer en la idea de que nuestra felicidad depende de la forma y el color de nuestro cuerpo.

## Encuentra tu valor dentro de ti

No importa lo cerca que tu cuerpo esté de lo que la sociedad dice que es ideal para tu género. Ningún tipo de «perfección» física puede proporcionarte una felicidad duradera ni sostenerte en los altibajos de la vida. Lo que puede sostenerte son tus pensamientos virtuosos y tu corazón noble. No importa la apariencia que tengan las cosas desde el exterior, cuando albergas bondad dentro de ti, siempre tendrás algo en tu corazón que puedas apreciar. Si sientes que tienes razones para no gustarte debido a tu cuerpo o a las ideas sobre género, mira los pensamientos virtuosos que guardas en tu interior, y siempre encontrarás una razón para quererte. Alégrate de tus intenciones sinceras. Todo empieza con una intención. Si has sido capaz de tener aspiraciones bellas, esas aspiraciones siempre serán parte de ti, una parte hermosa de ti.

Las razones más profundas para quererte no tienen nada que ver con algo exterior a ti, ni con tu cuerpo ni con las expectativas que otras personas tienen sobre ti. Si te basas en tu propia bondad, nada podrá dañar tu autoestima. Disfruta de tu naturaleza interior, de tus virtudes, de todas tus cualidades positivas, independientemente de que estén etiquetadas como masculinas o femeninas.

Mientras estés conectado con la bondad profunda que hay dentro de ti, tu amor por ti mismo será lo bastante firme para resistir cualquier reto de las concepciones de género que, para empezar, no sean realistas.

## Abandonar las expectativas irreales

Es importante que bases el sentimiento de tu valor real en la bondad interior por varias razones. Una de ellas es que de esa manera no empleas lo externo para definirte; otra es que si interiorizas los ideales de género, estos pueden actuar en ti negativamente desde dentro. Las construcciones de género son ideas y, por lo tanto, influyen en nuestro pensamiento. Crean expectativas y pueden también tener como resultado una imagen de ti mismo negativa cuando te tomas esas expectativas demasiado en serio. Si tu autoestima está baja y tus ideales son elevados, el desfase entre ambos puede parecer desesperadamente insalvable.

Esto es algo que sé por experiencia. Se supone que el Karmapa realiza las actividades iluminadas de los budas –¡habla con elevados criterios!–. Por mi parte, me siento una persona ordinaria que, con frecuencia, es víctima de sus propias tendencias habituales. Como Karmapa, tengo que ser alguien al que los demás respeten. Se supone que no tengo un solo defecto, aunque, por supuesto, tengo multitud de ellos. Existe una distancia enorme entre esas expectativas y la forma en que yo me veo a mí mismo, y en consecuencia, no siempre siento ese bien en mí. Aunque pueda decir honradamente que busco el bien, soy incapaz de hacer realidad todo el que deseo.

La discrepancia entre lo que debemos o queremos hacer y lo que realmente podemos hacer se podría convertir fácilmente en una razón para sentirse mal. De esta manera, todos nos encontramos en una situación similar. Lo que es útil es abandonar las expectativas sobre uno mismo.

Que nadie os diga cuál debe ser vuestro aspecto o cómo tenéis que actuar solo porque seáis hombre o mujer. Poseéis un potencial que únicamente puede limitarse cuando creéis que vuestra identidad social coincide realmente con la persona que sois. Quién eres no es algo que esté perfectamente definido. Hay una tremenda elasticidad en quién puedas ser. Corresponde a cada uno decidir la forma que se da a sí mismo.

# 5

# Consumismo y codicia

## Contentarse con lo que se tiene es la mayor riqueza

Hemos estado examinando cómo nos limitamos mediante las identidades que adoptamos. La forma en que interactuamos con el mundo nos modela a nosotros y también al mundo. Nuestro modo de relacionarnos con los objetos materiales ha tenido como resultado una cultura del consumo. Pero tenemos la capacidad de relacionarnos con lo material de una manera diferente y, por lo tanto, de modificar la cultura que compartimos, así como la relación personal que mantenemos con nuestras pertenencias.

Todo lo que poseemos está, en última instancia, hecho de elementos extraídos de la tierra y el mar. Todos estos recursos naturales tienen límite, pero no sucede lo mismo con la codicia que dirige nuestro consumo de esos recursos. Es nuestro deber limitar activamente nuestra codicia. A menudo no logramos hacerlo, en parte porque creemos que es natural e inherente en el ser humano. Esta es una suposición que me gustaría cuestionar. Creo que puedo demostrar que somos capaces de librarnos de la codicia, porque no es algo innato en nosotros. Hacerlo nos permitirá cultivar una relación personal más sana con los bienes materiales que poseemos y creará una sociedad más saludable, menos centrada en la adquisición y menos inclinada a confundir felicidad con riqueza material.

Si examinamos el estado de nuestro planeta, pienso que estaremos de acuerdo en que existe una necesidad urgente de cambiar los modelos de consumo de nuestra generación. Nuestra explotación actual de los recursos terrestres excede todo límite natural, impulsada como está por una búsqueda ilimitada de crecimiento. Si continuamos así, llegará definitivamente el momento en el que nuestros medios de sustento se agoten sin remedio.

Parece como nuestra contribución a la historia del mundo fuera consumir los recursos naturales a un ritmo sin precedentes. Los científicos nos dicen que, solo en los últimos treinta años, hemos consumido un tercio de los recursos de la Tierra. A este ritmo, habremos convertido nuestro planeta en una roca estéril antes de que finalice el siglo XXI.

Cuando eso suceda, es evidente que nuestra supervivencia estará en peligro. Aunque se necesite más tiempo de lo que esas cifras sugieren, nuestro ritmo de consumo está llevando rápidamente hacia el agotamiento de los recursos terrestres. Puede que no nos concierna particularmente nuestra propia supervivencia, pero la Tierra no nos pertenece solamente a nosotros. Compartimos este planeta con las generaciones futuras. Por más problemático que pueda resultar, somos responsables de cambiar nuestros modelos de consumo para que la vida humana sobre la Tierra sea sostenible, ahora y en los siglos futuros.

Todos y cada uno de nosotros tenemos esta responsabilidad, porque todos participamos en el consumo. En nombre del progreso o del estatus social, sentimos que necesitamos aparatos electrónicos más modernos, un coche más potente o una casa más grande. Luego, estamos obligados a comprar todavía más objetos para equipar y mantener lo que acabamos de adquirir. Todos esos bienes tienen que venir de alguna parte. Y todas las cosas que reemplazamos cuando «subimos de categoría» tienen que ubicarse en algún lugar. Tendemos a centrarnos en los bienes que usamos normalmente y en la gratificación inmediata que obtenemos de ellos. Rara vez miramos más allá, al impacto de nuestro consumo, a sus consecuencias a corto y largo plazo. Estas consecuencias deberían ser obvias para nosotros, pero no lo son. Cuando pensamos con una visión más amplia, vemos con mucha claridad que este tipo de consumo no se puede sostener mucho más tiempo. Las cosas, sencillamente, tienen que cambiar.

## Podemos ser agentes del cambio

Uno de los efectos de la globalización es que alienta a un número creciente de personas de todo el planeta a unirse a la cultura del consumo, lo que hasta ahora solo la economía de algunos países había sido capaz de soportar. Los llamados países desarrollados han estado marcando el ritmo que ahora otros tratan de alcanzar. Cuanta más población se una a la carrera de adquirir y consumir, más deprisa estaremos avanzando hacia el agotamiento de los recursos del planeta. Esto confiere a las naciones desarrolladas la responsabilidad añadida de pensar en profundidad sobre las tendencias que están dictando a los demás.

Pero ¿quién asumirá la responsabilidad de lograr el cambio? Naturalmente, podríamos dirigirnos a nuestro gobierno para instarlo a que se ponga a la cabeza en un asunto público de tanta importancia y tan ampliamente reconocido. Muchas personas esperan que los gobiernos sean los agentes de este cambio. Después de todo, se supone que ellos representan el papel central a la hora de buscar el bienestar del pueblo y el futuro del país.

Sin embargo, en su mayor parte, los gobiernos que podrían aceptar ese desafío lo hacen de manera muy selectiva. Pueden dar pasos para proteger algunos de sus recursos naturales, pero permiten sin reparos la importación de esos mismos recursos de otro lugar, sin investigar cómo han sido extraídos. Puede que limpien su propia casa, pero lo hacen descargando sus desperdicios y sus problemas sobre el vecindario. Inicialmente, esto perjudica a las personas de esos otros países que tienen que vivir con la basura que allí se descarga, pero finalmente termina por perjudicar también a quienes se deshacen de ella. El mundo ha llegado a ser una gran familia que comparte una enorme casa. Tirar nuestra basura en un rincón nos sigue dejando a todos con una casa sucia, del mismo modo que dañar las vigas de una habitación hace toda la estructura inestable.

Si no podemos contar con los gobiernos para hacer posible el cambio, podríamos pensar en las grandes multinacionales, que están imponiendo en gran medida el curso que sigue el desarrollo mundial. Sin embargo, también aquí sabemos con qué nos enfrentamos. El objetivo principal de esas empresas es generar beneficios, no generar paz y felicidad para todos.

Como vemos, no podemos adjudicarles la responsabilidad a los demás. Por una parte, es evidente que por sí solo esto no funcionará. Por otra, nosotros también somos responsables. ¿Para quién producen las grandes empresas? Para nosotros, los consumidores. Somos un elemento clave del problema. Tenemos mucho más poder del que pensamos. Nosotros, como individuos, podemos convertirnos en parte de la solución cuando reconozcamos este poder y, juntos, empecemos a usarlo.

## Un planeta, muchos héroes

No podemos esperar a que los demás tomen las decisiones adecuadas. Nosotros mismos podemos unirnos y empezar colectivamente a tomar decisiones saludables en nuestro consumo y, de este modo, encontrar el camino correcto. Si queremos que el sistema cambie, nosotros, los consumidores, debemos lanzar a los gobiernos y las empresas la señal clara y consecuente de que juntos estamos determinados a cambiar nuestro comportamiento y nuestras actitudes. Somos los que eligen qué comprar, y también si queremos o no comprar. Podemos comunicar nuestro compromiso a la opinión pública adquiriendo solo ciertos productos, o bien ejercer nuestro derecho de no adquirir nada.

La cantidad de trabajo que hay que emprender es grande, y cargamos con una responsabilidad enorme. El futuro de nuestro planeta depende realmente de esto. No podemos esperar a los demás para actuar. ¿Quién es el héroe que salvará al mundo? Eres tú. Somos cada uno de nosotros. Si aceptamos este reto, el mundo estaría lleno de héroes altruistas. Tú serías uno de ellos.

Esperar que un héroe salve al mundo no es pretender funcionar como sucede en las películas. Si todo depende de una sola persona, cuando la maten o cuando se canse, todo habrá terminado. En cualquier caso, no tenemos que esperar a que otro intervenga y nos dirija. Todos tenemos acceso a las herramientas que necesitamos para poner en movimiento el cambio. Y hemos de usar esas herramientas juntos, porque esta tarea es también demasiado grande para un solo héroe. Cuando escapé del Tíbet y llegué a la India, una revista me nombró «héroe asiático del año». Pero yo no fui el único; nombran varios «héroes» cada año. Comprenden que Asia y el resto del mundo precisan muchos héroes. Tantos como la tarea lo exija.

Para ser verdaderos héroes necesitamos generar una aspiración noble. Adoptar la resolución, con todo el corazón, de trabajar en beneficio de los demás, no importa en qué. Una resolución verdaderamente noble puede crear una conducta noble. Aquellos que albergan aspiraciones elevadas para el mundo y se entregan a una conducta noble son lo que llamamos *bodhisattvas*. En tibetano, nos referimos a esos *bodhisattvas* como héroes, pues es la aspiración noble y la conducta noble lo que hace de una persona un héroe. Cualquiera puede basar sus acciones en la nobleza de corazón y convertirse en héroe.

## Cambiar el rumbo

Todos podemos transformarnos en héroes iniciando un nuevo camino que se aparte de una cultura global basada principalmente en el consumismo. El primer paso consiste en educarnos a nosotros mismos para comprender claramente por qué necesitamos cambiar de rumbo, así como la manera de hacerlo.

Para responder a la llamada a transformar nuestra habitual cultura de consumo, tenemos que comprender el papel y la naturaleza de la codicia. Tenemos que ser muy conscientes de hasta qué punto es destructiva. La codicia y el consumo acaban produciéndonos un daño serio a nosotros, individualmente, pero también a nuestra sociedad y al planeta. Como hemos visto, tiene efectos devastadores sobre el entorno natural. Nos ciega al impacto global de nuestro anhelo de adquisición. Plantea también un obstáculo real a nuestra felicidad personal. Nuestra codicia nos mantiene centrados en lo que todavía no tenemos y nos ciega a todo lo que ya tenemos. Garantiza que, no importa cuánto podamos adquirir, nunca será bastante. Construir una sociedad o una vida basadas en la codicia es una receta para la insatisfacción, pura y simple.

Un obstáculo que nos impide abordar seriamente el problema de la codicia es la sospecha persistente de que nunca podrá ser eliminada, de que es sencillamente una parte de la naturaleza humana. Pero la codicia no es inherente a nuestra naturaleza. Surge porque se desencadenan ciertas causas y circunstancias. Si la codicia fuera una parte natural e intrínseca de la persona, estaría presente constantemente, cualesquiera que fuesen las condiciones; sin embargo, vemos que se muestra algunas veces y no otras. ¿Cómo podría la codicia andar entrando y saliendo de nosotros si estuviera presente todo el tiempo como parte de nuestra naturaleza? ¿Cómo algunas personas podrían mostrarse mucho más codiciosas que otras si todos los seres humanos fueran esencialmente codiciosos?

No hay necesidad de que me creáis ciegamente. Tenemos muchas oportunidades de ver cómo la codicia se mueve en nosotros mismos. Podemos observar cómo se desarrolla de forma gradual en nuestra mente. La publicidad es un mecanismo muy eficaz para generar codicia. En Asia, la India es famosa por sus anuncios de televisión. Vi uno con Jackie Chan y unos monjes budistas emprendiendo juntos el vuelo hacia el cielo, montando el último modelo de motocicleta. Cuando vemos por primera vez esos anuncios, son tan ridículos que resultan divertidos. Al principio, nos hacen reír. Pero al final, ¡acabamos queriendo realmente tener esa moto!

¿Cómo sucede esto? Todos queremos ser felices, aunque generalmente no tenemos una idea clara de la fuente de la felicidad. Los anuncios nos transmiten ciertas ideas sobre lo que necesitamos para sentirnos felices. Cuando estamos expuestos repetidamente a esas imágenes e ideas, forman una especie de hábito mental. Comenzamos a sentir que lo que se anuncia podría ser la llave de nuestra felicidad y, en consecuencia, queremos, por supuesto, poseerlo. Terminamos diciéndonos: «¡Debería tener una de esas motocicletas! ¡Debería adoptar ese estilo de vida! ¡También yo quiero tener éxito y ser feliz!».

Con el paso del tiempo, cultivamos el hábito de anhelar lo que no tenemos. Sin que nos demos cuenta de su origen, ese deseo habitual se nos acerca sigilosamente y se convierte en codicia. Como otros hábitos, la codicia se desarrolla gradualmente. No nos paramos a observarla en sus primeras etapas porque, en general, nuestras culturas nos estimulan a entregarnos a ella. Cuanto más profundamente arraigado está el hábito de la codicia, más profundamente caemos bajo su dominio, y más «natural» parece. Una vez arraigado, nos mantiene en el sentimiento de la necesidad, y continuamente pendientes de aquello de lo que carecemos. En pocas palabras, la codicia nos hace infelices.

Quiero subrayar este punto: la codicia nos resulta difícil de controlar no porque sea natural, sino porque ha sido generada mediante un proceso de habituación largo y desenfrenado. Es importante reconocer esto, porque aunque los viejos hábitos resulten difíciles de extirpar, todos pueden ser finalmente eliminados.

## La credulidad humana y el atractivo de los bienes

Encuentro dos factores presentes en los textos budistas que son muy útiles para comprender cómo surge la codicia dentro de nosotros. Uno de ellos es lo que se describe como el «despliegue voluble y engañoso de los fenómenos». Se refiere al hecho de que las cosas pueden aparecer en un número interminable de maneras engañosas, que no tienen nada que ver en absoluto con la realidad. El otro factor es nuestra mente crédula. Cuando ambos se unen, la situación es peligrosa. Se nos engaña con facilidad, porque nuestra credulidad nos lleva a creer en esas apariencias engañosas.

Para ver cómo funciona esto, podemos volver a examinar la mercadotecnia del consumo. Esta industria utiliza toda la capacidad del ingenio humano para explotar esos dos factores, nuestra credulidad y lo engañoso de las apariencias. El resultado es una exhibición tan tentadora como sea posible de los artículos.

En el pasado, hubo grandes meditadores que vieron la futilidad de ir en pos de los placeres de los sentidos, que, por supuesto, incluyen los bienes de consumo. Vivían en verdadera renuncia y se hallaban enteramente libres de deseo y de codicia. A veces bromeo diciendo que incluso ellos podrían haber tenido problemas si hubieran vivido en el siglo XXI, dada la sofisticación a la que han llegado los expertos en mercadotecnia en la manipulación de la apariencia de los objetos. Si alguien les ofreciese un Apple iPod Touch, su inflexible resolución podría ser capaz de resistirlo. Pero entonces alguien podría tentarlos con un iPad. Durante un tiempo, podría no pasar nada, hasta que oyeran hablar de la siguiente versión, con todas sus nuevas y sugerentes características. En ese caso ¡tal vez pudieran empezar a tener problemas!

Los productos están especialmente diseñados para captar la mirada y cautivar la mente. Puesto que nos centramos en todo lo que hay para adquirir y no en lo que ya tenemos, caemos en el juego interminable de las mejoras: «¡Las aplicaciones que necesitas vienen en la versión siguiente! ¡El nuevo diseño es mucho más atractivo! ¡Y viene en tu color favorito!». Estos productos pueden estar fabricados en serie, pero están hechos a la medida para que se adapten a nuestra codicia y avaricia. Están hechos exactamente a la medida para engañarnos con su apariencia.

Sin embargo, tal como yo lo veo, el problema mayor es la credulidad de nuestra mente. Esto es lo que realmente nos hace vulnerables al encanto engañoso de las cosas. En otras palabras, nosotros mismos somos el problema fundamental. A veces nos comportamos como niños pequeños; cuando se trata de evaluar nuestras necesidades, a menudo no damos muestra de ningún signo de madurez. Pensemos: cuando un niño grita, la manera fácil de calmarle es darle un juguete. Lo ponemos colgando delante de él y lo agitamos para captar su atención. Cuando finalmente se lo entregamos, se calma. Nuestro objetivo era solamente que dejase de llorar. No tratábamos de satisfacer sus necesidades. Le dimos algo más que desear, y conseguimos que se callara un rato.

Como adultos, también usamos nuestros aparatos electrónicos y otros «juguetes» de consumo para un objetivo similar: distraernos de cualquier cosa que realmente nos inquiete. Pero, en nuestro caso, aseguramos que es solo por un poco de diversión y entretenimiento. Nuestro consumo se limita a menudo a esos fines a corto plazo, sin ninguna preocupación por los hábitos a largo plazo que estamos desarrollando, ni por el impacto más amplio que puedan tener nuestras acciones. Incluso rara vez nos preguntamos por qué, antes de adquirir esos artículos, nos sentimos inicialmente insatisfechos o carentes de algo.

Tenemos que comprender que nos equivocamos terriblemente al permitir que el capricho y la codicia nos lleven a consumir de este modo. Nuestra codicia nos está cegando, y es nuestro deber abrir los ojos. Es nuestro deber actuar. La codicia no se impone límites a sí misma. Es algo que nosotros debemos reconocer y limitar activamente.

Es cierto que existen muchas fuerzas a nuestro alrededor que nos animan a seguir irreflexivamente a dondequiera que nuestra codicia nos lleve. Una publicidad concebida para convencernos de que nuestra felicidad depende de los bienes materiales nos bombardean constantemente. La cultura global actual nos dice que tener más bienes de este tipo es la medida de nuestro éxito en la vida, e incluso de nuestro valor como personas. Este mensaje nos llega en múltiples formas y desde muchas direcciones; por eso necesitamos tener una conciencia clara de cómo funciona la codicia para protegernos y no ser engañados por esas fuerzas. Podemos entonces contrarrestarlas con la sabiduría interior sobre el éxito real y el valor personal. De esta manera, aunque no seamos capaces de eliminar el engaño básico de las apariencias –o las fuerzas sociales y comerciales que tratan de explotarlas–, podemos sin duda reducir nuestra credulidad ante ellas.

## Personalizarlo

Frente a estas fuerzas exteriores, nuestros esfuerzos por cambiar nuestros patrones de consumo son verdaderamente admirables e incluso heroicos. Para poder continuar con estos esfuerzos, es sumamente útil conectar lo que sabemos de la codicia directamente con nuestras propias experiencias. Algunas personas pueden preguntarse: «¿Es realmente tan negativo querer cosas?». En mi opinión, el principal problema es creer que consiguiendo todo lo que queremos seremos felices. Esto nos lleva a sentir que necesitamos todos esos objetos para alcanzar la felicidad. A pesar de nuestra inteligencia y nuestra capacidad de analizar, terminamos actuando como si el dinero nos comprara realmente la felicidad. Esta actitud subyace en nuestro modo de vida y en nuestra sociedad consumista.

Echando mano de nuestra experiencia personal, podemos preguntarnos dónde está la distinción entre lo que realmente necesitamos para ser felices y lo que no necesitamos sino que meramente deseamos. La codicia toma el control cuando perdemos de vista esta distinción y tomamos nuestros deseos por necesidades.

Por ejemplo, decides ir a comprar un reloj. Entras en la tienda y allí te muestran un modelo tras otro, cada uno de ellos con más posibilidades y un diseño más atractivo que el anterior. Lo que necesitas es algo que te diga la hora, pero lo que empiezas a desear son los relojes más modernos y caros. Ahora quieres todos esos timbres y pitidos que no tienen nada que ver con el momento del día en el que te encuentras. Los relojes son todos tan bonitos que pronto sientes el deseo de comprar no uno, sino muchos.

La codicia es ridícula, ¡nos hace aferrarnos a lo material como niños que se agarran al sonajero! Cuando te descubres suspirando codiciosamente por los objetos de ese modo, puedes pararte un momento y llevar a cabo el siguiente experimento mental. El primer paso consiste en detenerte a examinar tus necesidades reales. Pregúntate si el objeto en cuestión es algo que realmente necesitas, o solo algo que deseas. En el caso del reloj, podrías decirte: «¿Necesito realmente otro reloj?». Puedes bromear contigo mismo y preguntarte: «¿Qué voy a hacer con más de un reloj? ¿Puedo llevar uno en cada muñeca y otros dos en los tobillos? ¿Necesito llevar relojes en los pies para que los insectos que pasan zumbando a mi lado puedan ver la hora?». Luego, tu conclusión podría ser: «Deseo muchos relojes, pero no necesito más que uno». La idea fundamental es que distingas entre una necesidad real y un mero deseo de manera tan clara como seas capaz.

Si decides que realmente necesitas comprar el objeto, tu siguiente paso es evaluar la función real que tiene que realizar para ti. Esa evaluación puede orientar tu elección. En el caso del reloj, puedes pensar que lo necesitas para saber la hora, y que debería ajustarse bien a tu muñeca. Estas son tus necesidades prácticas, físicas. Todo lo demás procede solo de tu mente de consumidor, que va corriendo desbocada.

¡Estos dos pasos podrían ayudarte a mantenerte en un estado de sensatez! De otro modo, si dejas que la locura de la codicia te controle, incluso algo tan simple como comprar un reloj puede convertirse en una experiencia angustiosa

Pienso que todos podríamos beneficiarnos si examinásemos con mayor atención lo ridículamente que actuamos cuando la codicia nos tiene bien agarrados. En el Tíbet, aplicábamos un criterio muy específico para escoger los artículos que necesitábamos. Buscábamos algo que durara. Nuestra definición de un buen producto era la de algo que cumple su función y dura mucho tiempo, no que nos pueda impresionar por su aspecto. Cuando los tibetanos llegamos al exilio, nuestros pensamientos se volvieron hacia las apariencias, y todo nuestro interés por la durabilidad de los productos desapareció. La codicia nos cogió de improviso, y nos convertimos en sus marionetas. Fue un caso grave: fuimos arrastrados por la codicia para ir a la caza de nuestros deseos en lugar de vivir contentos cuando nuestras necesidades estaban satisfechas

Una vez que tomamos la decisión de no continuar viviendo como marionetas de la codicia, tenemos la opción de basarnos en una evaluación clara de lo que necesitamos. No debemos permitir que los deseos nos controlen. En la tarea de poner en tela de juicio la codicia, nuestra inteligencia básica y la introspección honrada son aliados poderosos. Cuando las aplicamos, podemos identificar cuándo la codicia nos está diciendo que «necesitamos» algo que realmente no necesitamos.

Es importante que desarrollemos el hábito de distinguir entre deseos y necesidades, porque está en juego mucho más que el mero bienestar personal. Solo tenemos que examinar la rápida degradación del entorno natural para comprobar los efectos destructivos de nuestro consumismo. Cuando vemos los ríos envenenados, los valles sumidos en nubes de contaminación y las laderas deforestadas, estamos contemplando los resultados de nuestro consumismo desenfrenado. Con los ojos abiertos, podemos ver claramente la difícil situación que hemos creado para nosotros mismos y para el mundo, debido a nuestra miopía y a una profunda ignorancia. Viene de nuestra incapacidad de percibir la interdependencia entre nuestras acciones colectivas y el mundo que compartimos. Por consiguiente, el problema se puede resolver con una visión amplia y aplicando juiciosamente nuestra sabiduría.

## El comprar como relación

La conciencia de la interdependencia ayuda a contrarrestar la codicia, porque esta surge únicamente cuando nos vemos a nosotros mismos como si fuéramos fundamentalmente independientes y estuviéramos desconectados de los demás. De hecho, hace que nos consideremos los competidores del resto de la gente. Las palabras más importantes en el vocabulario de la codicia son «mi» y «mío». Si examinamos lo que subyace en ella, podemos descubrir una fijación egocéntrica en nuestros propios intereses.

En la medida en que la codicia nos controle, estaremos viviendo básicamente dentro de una jaula creada por nuestro egoísmo. Es como cuando se mete a una persona en la cárcel. Solo unos pocos visitantes pueden visitarlo –algunos miembros de la familia o amigos íntimos–, y el preso está por lo demás incomunicado del mundo exterior. De manera similar, nuestro egocentrismo nos encierra en una especie de prisión. Sólo deja entrar a aquellas pocas personas que reconocemos como importantes para nuestro bienestar: «mi» familia o «mis» amigos. Luego, mantiene todo lo demás a distancia. Nos hace sentir desconectados, incomunicados y solos. Nuestro ensimismamiento nos impide seriamente tomar conciencia de los demás. Obstaculiza el sentimiento de cercanía a otras personas y nos ciega a los lazos de interdependencia que siempre nos conectan unos a otros.

Cuando estamos atrapados en esta prisión de nuestra fijación en nosotros mismos, sentimos y actuamos como si el resto del mundo no existiese. Pero existe. Incluso los prisioneros en aislamiento dependen del mundo exterior. Todos lo hacemos y, de ese modo, estamos conectados a los otros en todo momento. Este es un hecho indiscutible de nuestra existencia en el planeta. Es doloroso vivir sin se consciente de esas relaciones. Solo el egocentrismo habitual nos ciega a ellas, pero podemos abrir los ojos y entrenarnos conscientemente a mirar más allá de nuestras preocupaciones inmediatas, a fin de ver un panorama más amplio.

La verdad de la interdependencia se puede observar en todo acto de consumo. El simple análisis revela que nada que podamos comprar es un objeto independiente. Todos los artículos del mercado están constituidos por partes diferentes. Cuando un producto llega a nuestras manos, puede parecer que es una entidad completa y simple, pero fue elaborado a partir de múltiples sustancias y de partes más pequeñas.

Me gustaría proponer un ejercicio sencillo que nos puede ayudar a liberarnos del egocentrismo habitual que subyace en la codicia. Este ejercicio usa los bienes de consumo para despertarnos a nuestra interdependencia y conexión con los otros.

Puedes usar cualquier cosa, pero tomemos una mochila como ejemplo para este ejercicio. Podría ser la mochila en la que llevas este libro. Tómala y examínala realmente durante unos momentos.

Reflexiona sobre los diversos materiales de los que está compuesta. Probablemente todos esos materiales proceden de diferentes rincones del mundo. Algunas partes vienen de algún lugar del este, otras del oeste, e incluso otras del sur. Su aparente unidad es el resultado de numerosas contribuciones de varios lugares diferentes.

La tela, el hilo, los tintes, el diseño, la empresa que programó su fabricación, la fábrica, todos esos elementos desempeñan un papel en la creación de esa mochila. Muchos pasos –de hecho, miles de ellos– han formado parte de la elaboración de todos los objetos que adquirimos –aun los más sencillos–. Y todos esos pasos implican a numerosas personas.

Para continuar con el ejercicio, dedícate un momento a reflexionar sobre todas las personas que estuvieron implicadas en la producción de esa simple mochila: los diseñadores, los obreros de la fábrica, los cargadores, los conductores de camión, el dueño de la tienda, los agentes comerciales, los dependientes, el cajero... Han sido necesarios los esfuerzos conjuntos de mucha gente para ponerla a tu alcance. Trata de reconocer su presencia contigo en el objeto que tienes en las manos. Puedes llevar esta mochila de un lado para otro gracias a todos ellos, gracias un número incontable de personas.

Como paso final, con la conciencia de esta relación con los otros, puedes tenderles mentalmente la mano en señal de gratitud. A través de esta mochila, estás ahora estrechamente conectado con ellos por el hecho de estar utilizando los resultados de sus esfuerzos y, muy posiblemente, de su sufrimiento. En otras palabras, estás conectado con ellos en la felicidad y el sufrimiento. Puedes decidir llevar la mochila con conciencia de la responsabilidad que esta relación implica.

Pienso que reflexionar de este modo puede permitirte hacer uso de tus pertenencias para reconocer tu relación con los demás, en lugar de dejar que la oculten a tu vista. Podría también ayudarte a establecer una relación más sana con los objetos materiales que posees.

Puedes asumir esta perspectiva de la interdependencia también cuando adquieres nuevos productos. Cuando vayas a comprar algo, no deberías pensar solo en si puedes permitírtelo. Deberías reflexionar sobre el coste para el planeta y sobre el trabajo y el esfuerzo de quienes lo han elaborado para ti. Dependes de esas personas para tu felicidad, y ellas dependen de ti.

Sería muy útil tomar cada acto de adquisición como un recordatorio de nuestra interdependencia. Cada simple compra puede recordarnos –si lo permitimos– todo lo que recibimos de las numerosas personas implicadas en su producción. Esta conciencia de nuestra interdependencia debería ser causa de que nuestro amor y respeto afectuoso por los otros aumentara. Puede mantenernos conscientes del impacto que nuestro consumo tiene sobre los demás y sobre el planeta. Si conectamos con nuestro entorno con amor y afecto, nuestra responsabilidad a la hora de lograr un cambio no tiene que pesarnos en absoluto. La llevaremos con satisfacción.

## Dinero y felicidad

Cuando escudriñamos nuestra relación con nuestras pertenencias, podría valer la pena que nos planteáramos algunas preguntas básicas. ¿Qué buscamos de aquello que poseemos? ¿Tal vez acumular objetos de disfrute, esperando que nos aporten felicidad? ¿O hemos perdido de vista el objetivo de la felicidad y solo nos dedicamos ya a la simple acumulación? ¿Buscamos principalmente «acumular cosas» o ser felices?

Me gustaría contaros una historia que aborda el tema de estas preguntas. Esto sucedió hace mucho, mucho tiempo, en un país remoto donde vivía un hombre muy rico. En la calle siguiente a la mansión de este hombre, habitaba un mendigo en una sencilla y pobre chabola. El mendigo comía lo poco que le daban por el día y todas las noches llegaba a su casa sin nada, mientras que el propietario de la mansión volvía siempre con bolsas llenas de dinero. El hombre rico pasaba las noches en su casa contando el dinero, mientras el mendigo las pasaba cantando en su ruinosa chabola.

Todas las noches, el hombre rico oía cantar al hombre pobre, y un día pensó: «Esto no tiene sentido. ¿Qué tiene él para disfrutar de la vida? No posee nada, pero siempre está cantando. ¿Cómo puede ser tan feliz?»

Un día decidió investigar. Cuando el hombre pobre había salido a mendigar, el rico dejó un enorme lingote de oro en su chabola. Cuando aquel volvió y vio el oro, pensó: «Alguien debe de haber perdido esto, así que debo averiguar quién es, y devolvérselo». Pero luego tuvo un segundo pensamiento: «Tal vez lo dejó aquí voluntariamente. Seguro que alguna persona rica sintió pena de mí y lo dejó aquí a propósito».

Esta idea empezó a tomar posesión de su mente. Comenzó a pensar en el oro como si fuera suyo, y a hacer planes sobre cómo gastarlo. Primero, lo vendería. Luego se construiría una casa, formaría una familia y se irían de vacaciones a lugares lejanos. Además, también necesitaría guardar el dinero suficiente para pagar todo lo que sus hijos pudieran necesitar. Todo su calendario se llenó en un instante, y estaba tan ocupado que se olvidó de cantar. Se olvidó de ser feliz.

Observando desde su ventana, el hombre rico esperaba escuchar el habitual cántico alegre del hombre pobre. Pero no oyó nada, solo lo vio calculando. Cuando comprobó que el oro no causaba su alegría, se le ocurrió que sus propios esfuerzos para lograr la felicidad en realidad frustraban ese propósito. Se había propuesto encontrarla, pero en el proceso de ir tras ella la felicidad se había perdido a lo largo del camino.

## Nuestra relación con los objetos

Corresponde a cada uno de nosotros determinar la prioridad que les damos a los bienes materiales en nuestra vida. Esto forma parte del hecho de decidir cómo queremos definirnos. Si examinamos nuestro trabajo y nuestras posesiones para que nos digan cómo somos, de qué somos merecedores, dónde encajamos en el mundo, ese es un signo de que estamos totalmente confundidos sobre la naturaleza de las cosas. Demuestra que hemos perdido el norte sobre cómo se sitúan los seres humanos en relación con el mundo material.

Recientemente, en el Tíbet, llegó a ponerse de moda llevar pieles de tigre y leopardo. Comenzó entre las personas ricas y luego se difundió entre la población, que competía por seguirla. La gente trataba así de superar a los demás cubriéndose con esas costosas prendas de piel. Finalmente, se le prohibió a la gente corriente vestir la piel de esos animales, y parece que quienes querían dañar la cultura tibetana alentaban a la población a llevar esas prendas de piel como signo de desafío a las antiguas costumbres tibetanas. Su Santidad el Dalai Lama pidió que no se emplearan esas prendas, ya que se trataba de una práctica no tibetana, no virtuosa.

Podríamos ver un tipo similar de mentalidad a una escala menor, incluso dentro de una familia. En un hogar en el que todo el mundo come carne, una persona vegetariana con frecuencia sucumbirá y terminará comiendo carne. Todo el mundo tiene derecho a su propia manera de pensar y a ser únicamente quien es. Sin embargo, a menudo pensamos que basta con imitar a los otros, y así, por razones superficiales, renunciamos a nuestro derecho a tomar nuestras propias decisiones. Vale la pena observar nuestro comportamiento ante el consumo para comprobar si hemos caído en este tipo de conformismo absurdo.

## Tiempo para ser feliz

Crecí en una región muy apartada del Tíbet, lejos del mundo desarrollado. En toda la zona no existía prácticamente ningún bien de consumo. Mucha gente piensa que esas regiones remotas están atrasadas. Donde yo vivía, la gente solo trabajaba unas pocas horas al día. Cuando había algo que hacer, trabajaba. Cuando no había nada que hacer, se relajaba. Muchos podrían considerarnos perezosos, pero, en general, éramos muy felices. Teníamos tiempo para disfrutar de la compañía de nuestra familia. Pasábamos mucho tiempo reunidos durante el día, sentados para comer, y por la noche, nos reuníamos junto al fuego a contar historias.

La vida en la ciudad es diferente. La gente no mira qué trabajo se necesita hacer; miran al reloj para decidir lo que tienen que hacer. Dejamos que esa pequeña máquina dirija nuestra vida. Aunque no sea la hora de trabajar, llevamos con nosotros el sentimiento de que sin duda debe de haber algo que tendríamos que hacer, y por eso buscamos alguna actividad que nos mantenga ocupados. Esta es una señal de que ya no pensamos por nosotros mismos lo que realmente hay que hacer para ser felices. Es una señal de que necesitamos apartar la mirada del reloj y mirar hacia dentro.

Los seres humanos hemos ideado infinidad de artículos y los hemos etiquetado. Esto debería significar que nos hemos hecho cargo de ellos. Sin embargo, en lugar de eso, de alguna manera sentimos que mientras las máquinas estén funcionando a toda velocidad, tenemos que ir corriendo a su lado. En realidad, nos hemos hecho esclavos de lo que nosotros mismos hemos creado. Este uso indebido de nuestra inteligencia nos perjudica profundamente. Tenemos que recuperar la perspectiva y el equilibrio. Tenemos que reconocer de dónde proceden estos productos fabricados y estas identidades construidas.

Al final, corresponde a cada uno determinar lo que significa realmente para él el dinero y aquello que el dinero puede comprar. Nos toca a nosotros decidir cuánta energía dedicar a la búsqueda de posesiones materiales en lugar de a la búsqueda de una felicidad real.

¿Quieres ser definido por lo que posees y por tu empleo o bien por tus cualidades interiores y tu felicidad? A ti te toca realmente decidir.

## La mayor riqueza: contentarse con lo que se tiene

Como ya he dicho, hay unas maneras sanas y otras perjudiciales de relacionarnos con nuestras posesiones. Siento sin lugar a dudas que contentarse con lo que se tiene es la mayor riqueza. Cualquiera la puede reclamar para sí mismo. Cualquiera puede poseerla. Contentarse con lo que se tiene es una fortuna increíble por la que no tenemos que pagar ni buscar en ningún lugar fuera de nosotros, y que nos reporta una gran satisfacción. Los recursos naturales para crear esta riqueza son nuestros propios recursos mentales. Podemos cultivar la perspectiva de que lo que tenemos es suficiente, ver que realmente no necesitamos más de lo que ya tenemos y estar completamente satisfechos con ello.

Normalmente creemos que necesitamos mucho para ser felices. Pero, tal vez, todo sea realmente muy sencillo. Caí en la cuenta de esto súbitamente un día en el que iba a dar un paseo alrededor del monasterio. Era un día agradable, y soplaba una brisa suave que desencadenó en mi mente la conciencia de mi respiración. Me percaté de que estaba respirando, y de que no se trataba de algo que dependiera solamente de mí. Dependía de la presencia de oxígeno en el aire, y de mil pasos anteriores que se tuvieron que dar para que el oxígeno estuviera allí cuando yo necesitara respirar.

Quedé impresionado, con una completa sensación de asombro ante ese pensamiento. Fui consciente de que no podía fabricar oxígeno por mí mismo. Sin embargo, mi supervivencia dependía de que ese oxígeno estuviera disponible para mí en cada inspiración. He respirado un número incontable de veces, y si en algún momento el oxígeno hubiera faltado, mi vida habría terminado. No obstante, ahí estaba, y ahí había estado siempre. Esto me llenó de un sentimiento de completo bienestar.

Los hechos aparentemente más triviales pueden ser muy asombrosos. Casi nunca dirigimos nuestra conciencia a las condiciones básicas para nuestra existencia, y, sin embargo, están constantemente presentes y libremente disponibles. El simple hecho de recordar esto puede aportarme de nuevo el sentimiento de alegría que entonces experimenté.

No necesitamos comprar ni poseer nada para ser felices. En cualquier momento, podemos acceder a ese sentimiento de alegría. La misma interdependencia que hace que nuestro consumismo sea tan devastador para el entorno puede hacer también del entorno natural una fuente de alegría y asombro interminables para nosotros, sin tomar de él nada más que una bocanada de aire. Depende de cómo decidamos vivir nuestra relación con todo.

Imagino que al final todo se reduce a nuestra actitud. En el momento en que no permitamos ya que la codicia vaya en busca de lo que no tenemos y demos por bueno lo que tenemos, disfrutaremos de un sentimiento de profundo y gozoso agradecimiento. Verdaderamente, ya poseemos todo lo que necesitamos. La riqueza inagotable del hecho de contentarse con lo que se tiene está ahí, esperando. Podemos descubrir una felicidad sin límites simplemente respirando.

# 6

# La acción social

## Cuidar de todo y de todos

Al examinar la cultura del consumo y la codicia que conduce a ella, podemos encontrar en nuestra sociedad muchas cosas que nos gustaría cambiar. Es importante no solo identificar lo que no nos gusta y lo que queremos dejar atrás, sino también tener una visión positiva de lo que nos agradaría ver en su lugar. Una vez tenemos esa visión, corresponde a cada uno de nosotros encontrar el área específica en la que podemos contribuir para hacer de esa visión una realidad. Lo que aquí me gustaría ofrecer es una manera de orientarnos hacia la creación de un mundo mejor, independientemente del tipo de acción social en que nos comprometamos.

La acción social es una manera particular de cuidar de los demás. El hecho de que los seres humanos vivan juntos en sociedad constituye una prueba de que necesitamos cuidarnos unos a otros. Nuestra dependencia mutua tiene implicaciones prácticas y éticas para las instituciones que creamos. Debido a que todos estamos profundamente interconectados, el bienestar de una sola persona está íntimamente relacionado con el bienestar del resto de su comunidad. Si creamos sistemas que respeten nuestra interconectividad básica, nuestra sociedad se alineará con la realidad de nuestra existencia. Esto nos dará la base para una sociedad estable y capaz de ofrecer felicidad.

Para lograr una visión más clara de la comunidad que deseamos lograr, propongo que pensemos tratando de poner siempre la felicidad en el núcleo. Podríamos empezar concibiéndola como el producto más importante que nuestro país o nuestra sociedad puede elaborar. Esto nos podría llevar a formularnos preguntas como estas: ¿qué tipo de cualidades personales queremos que nuestra sociedad aliente en sus miembros? ¿Qué tipo de relaciones interpersonales debería promover para generar una mayor felicidad?

Hemos visto que la competencia y la codicia no aportan ni felicidad ni sentido a la vida. Podemos imaginar, sin embargo, cómo sería nuestra sociedad si recurriera principalmente a las cualidades humanas de la compasión y el amor, si estuviese concebida para relacionarnos como amigos, en lugar de enfrentarnos unos a otros como competidores. A partir de ahí podemos preguntar qué acción es necesaria para orientar a nuestra sociedad en esa dirección

Una vez tengas una visión clara de los valores que deseas apoyar y del cambio que te gustaría ver, encontrarás muchos temas sociales sobre los que trabajar. Puedes elegir cualquier área hacia la que tus capacidades y tus intereses te dirijan, con la confianza de que todos los temas sociales están en el fondo interconectados. Cualquier impacto positivo que generes en un campo tendrá consecuencias de amplio alcance, porque todos los aspectos de la vida están vinculados.

## El afecto no es optativo

Vivir en sociedad debería servirnos de recuerdo diario de cuánto recibimos y nos debemos unos a otros. Una conciencia clara de ello puede proporcionar un fundamento estable para el compromiso con el servicio social o el activismo. Nuestras acciones pueden basarse en el simple deseo de cuidar de los demás como a nosotros mismos nos han cuidado.

Puede que sientas que no le debes nada a nadie porque pagas lo que usas. Sin embargo, todo lo que tienes llega a ti a través de los esfuerzos de otros; tienes que reconocer esto. Tú no cortas los árboles para hacer el papel en el que está impreso este libro, ni creas la red que ha hecho que llegue hasta tus manos, pero ahora te estás deleitando con los frutos de la labor de quienes lo hicieron. En mi caso particular, recibo continuamente mucho de los otros. Como soy un monje budista, mis votos exigen que literalmente todo lo que tengo me lo hayan ofrecido como donativo: mi comida, mi ropa, los libros de mi biblioteca, todo.

En mi situación actual, no tengo nada tangible para devolver a nadie. Con frecuencia, la gente viene a verme con grandes esperanzas acerca de lo que pueda hacer por ellos. Normalmente, solo tengo una cosa que dar: desde mi corazón les ofrezco mi amor y mis deseos de felicidad para ellos. Aunque haya poco más que pueda ofrecer, verdaderamente deseo conocer la respuesta cuando pregunto: «¿Cómo estás? ¿Cómo te sientes? ¿Cómo está tu mente? ¿Te van bien las cosas?».

En otros tiempos, parecía existir una preocupación auténtica cuando se preguntaba: «¿Cómo estás?». Ahora, con frecuencia parece una mera formalidad. Lo normal es que no se tenga ningún interés real en oír la respuesta a esa pregunta. Por el contrario, lo que realmente quieren saber es: «¿Cómo van tus negocios? ¿Cuál es tu precio? ¿Qué puedes hacer por mí?». Aunque tal vez no haya nada tangible que pueda hacer por la gente con la que me encuentro, sí puedo interesarme por su bienestar. En un mundo en el que se le da tan poca importancia a cuidar auténticamente de los otros, y donde el amor y la compasión verdaderos parecen ser raros, puede que esto tenga algún valor. El hecho de que exista alguien que la cuida y la quiere parece afectar profundamente a la gente. En un mundo en el que tanto escasea el amor, veo que incluso la más simple expresión de cariño causa una profunda impresión en las personas. Procura una cierta felicidad real.

Tan solo preguntar y disponerse a escuchar sinceramente cómo se siente la gente supone un cambio muy pequeño en la conducta. Pero podría ayudarnos a cultivar un hábito de conectar corazón con corazón y de cuidar sinceramente de los demás. Es una manera de asegurarnos de que el amor impregna todo lo que hacemos para beneficiar a nuestros semejantes.

Mencioné anteriormente, en el capítulo 4, «Identidades de género», que siento que el mundo necesita hacer un cambio global en sus valores para favorecer la capacidad de escuchar en lugar de la capacidad de afirmar. Podemos contribuir a ese giro como activistas sociales escuchando atentamente antes de desarrollar cualquier plan de acción. La forma de hacerlo es muy sencilla, tan simple como escuchar verdaderamente la respuesta cada vez que preguntamos: «¿Cómo estás?».

Es importante reconocer que el amor, la preocupación por los demás y el afecto no son optativos. No necesitamos ninguna razón para ofrecer amor y afecto. Es posible sentir amor sin precio y sin condiciones. No necesitamos ninguna otra compensación más allá de dar nuestro amor. Y el amor es un recurso infinitamente renovable. Para el bienestar de nuestra sociedad y también para nuestro propio crecimiento personal, es crucial que aprendamos a amar sin necesitar razones ni recompensas.

Cuando sientas amor auténtico hacia los otros, te sentirás profundamente movido a actuar. No descansarás hasta que hayas encontrado la manera de asegurar la felicidad de aquellos a los que seas capaz de incluir en tus sentimientos de amor. Cuando aprendas a amar cada vez más ampliamente, tu amor te motivará a actuar en beneficio no solo de las pocas personas de tu círculo, sino también de toda tu sociedad y, finalmente, del mundo entero. Esto hace del amor una base inmensamente poderosa para la acción social de cualquier tipo. Como examinaré en el capítulo 11, «Compasión sostenible», basar nuestra acción social en la compasión y el amor la hará sostenible también a largo plazo.

## ¿Hacia atrás o hacia delante?

Para definir la dirección en la que queremos ver el cambio de nuestra sociedad, necesitamos estar dispuestos a poner en tela de juicio las ideas dominantes de lo que constituye el progreso social. Tengo alguna experiencia personal que compartir con vosotros a este respecto. Desde la perspectiva de los chinos, relativamente desarrollados en nuestro mundo oriental, las personas que viven en la parte remota del Tíbet donde yo nací son consideradas generalmente «atrasadas». Se nos tiene por fracasados, y es cierto que no disponemos de tiendas de comestibles ni fábricas. Pero ahora que he podido conocer el «mundo desarrollado», cuando recuerdo esa manera de vivir me pregunto si estamos realmente tan atrasados. Trabajamos lo suficiente para tener alimento y abrigo, para satisfacer nuestras necesidades básicas, y no nos preocupamos por todo lo que no tenemos. Según mi propia experiencia, en mi aislada región del Tíbet la gente tiene lo que necesita, y es feliz.

Esto me lleva a preguntar: por lo que se refiere a la satisfacción en la vida, ¿no será el mundo desarrollado el que anda a la zaga, detrás de las sociedades tradicionales como la comunidad nómada en la que nací? Las personas que inicialmente dejaron el Tíbet como refugiados y se encontraron con el mundo moderno, eran relativamente simples, sencillas y de buen corazón, pero se las despreciaba porque no encajaban en ese mundo. Parece que en las sociedades «avanzadas», cuanto menos sencillo eres –cuanto más listo y más manipulador–, mejor encajas e incluso más fácilmente alcanzas la cima. Tenemos que cuestionar la cordura de este sistema. Si lograr el acceso a más recursos materiales se considera un progreso, me parece que todo está completamente al revés.

¿Estamos dispuestos a aceptar que tener más riqueza –sin que importe cómo se adquiere– es signo de ser más avanzado? Sin duda podríamos usar otros parámetros para determinar si tenemos suficiente, aparte de compararnos con aquellos que han acumulado más dinero y más posesiones de las que nosotros poseemos. Si la medida del éxito es tener más que la gente que nos rodea, esa es una receta para el fracaso. Sencillamente, competir con los otros no puede procurar una felicidad real. Aunque la felicidad procediera de ser el mejor y de tener más, en definitiva solo una persona en el mundo –la única que tuviera más que los otros– podría ser verdaderamente feliz. Todos los demás estarían condenados al fracaso.

Hemos de ser muy cuidadosos para no confundir éxito económico con felicidad personal. Que tengamos una economía de mercado no significa que debamos tener una sociedad de mercado. Podemos encontrar maneras de relacionarnos entre nosotros basadas en principios diferentes al de los negocios. Podríamos definir el desarrollo en función de la medida en que somos capaces de aumentar los lazos de amistad y cercanía, y de hacer que lo fundamental sea la comunidad y el afecto mutuo. Cuando pienso en una sociedad que crea felicidad, pienso en una sociedad en la que la compasión y el amor reemplazan a la competencia y la codicia como fuerzas emocionales que nos unan.

Una vez hayamos redefinido los valores que deseamos situar en el núcleo de la sociedad, podemos examinar los problemas específicos y las instituciones sociales y preguntarnos qué hay que cambiar. De esa manera tendremos la orientación que necesitamos para hacer presentes nuestras aspiraciones en el área de la acción social que escojamos.

## Cuidar de todos

Con frecuencia me parece que nuestras prioridades se han vuelto muy confusas. Las cosas más importantes que necesitamos para sostener la vida se han convertido en mercancías. Necesidades básicas como el cuidado de la salud, la comida nutritiva y un techo para cobijarse son consideradas lujos opcionales para las personas que no tienen posibilidad de acceder a ello. El bienestar de los demás parece algo completamente prescindible. Estos principios deformados están activos en muchos de los sistemas sociales que hemos creado. Esto se enraíza en una profunda ignorancia. Se deriva del hecho de no ver realmente que todo el mundo es exactamente igual a la hora de querer ser feliz y estar libre del sufrimiento. La felicidad es un derecho fundamental de cualquier ser humano.

La igualdad y la interdependencia son principios básicos que subyacen en nuestra existencia como seres humanos. Cuando no reconocemos esto, terminamos sometiendo las relaciones con nuestros semejantes a los principios que rigen los negocios: si tú me das algo, te ayudaré; si no consigo nada de ti, no te ayudaré. No estoy describiendo lo que podría sucederle a la sociedad humana. Estoy describiendo lo que *está sucediendo* en muchas comunidades. Lo que debieran ser derechos básicos se tratan como artículos comercializables, que han entrado entonces en el tira y afloja del intercambio mercantil. Parece que hemos perdido el sentido de que podemos extendernos, libre y felizmente, hacia los otros. Al configurar nuestras instituciones sociales sobre los principios de los negocios, hemos quedado profundamente desconectados de nuestro noble corazón.

Por ejemplo, según lo que he oído, parece que los sistemas de atención sanitaria de muchos países están planteados sobre el modelo del negocio. Se me dice que en los Estados Unidos, cuando la gente llega a urgencias, aunque tenga un dolor terrible, la primera pregunta que le hacen no es sobre su lesión o su estado médico, sino sobre su compañía de seguros. Si estás asegurado, calmarán tu dolor y cuidarán de ti. Si no, tendrás que demostrar que dispones de suficiente dinero para pagar, o deberás irte a otro lugar. Aunque no pretendo tener la solución a las complejas cuestiones políticas y económicas que intervienen en la estructura sanitaria, es muy difícil llegar a comprender cómo hemos llegado al punto en el que esta parezca una manera aceptable de tratar a los seres humanos.

La atención sanitaria puede ser complicada en América, pero los sistemas de salud funcionan mal en todo el mundo. Europa, África, Asia y Oceanía también tienen sus problemas. Aquí, en la India, algunos de los mejores hospitales exigen un depósito en metálico antes de darte una cama. Recientemente, una mujer murió aquí en el parto a las puertas de un hospital que le había negado el acceso porque no tenía dinero. Una atención sanitaria fiable no solo es a menudo muy cara; puede ser simplemente inalcanzable.

En muchas partes del mundo, es más fácil conseguir un coche que un médico. Se hace todo lo posible por bajar el precio de los vehículos y del combistible, de manera que tantas personas como sea posible puedan permitirse comprar y mantener un coche. Si necesitas gasolina, hay gasolineras en cualquier carretera por la que vayas. Si se te pincha un neumático, hay lugares cada pocas manzanas donde puedes hacer que te lo arreglen. Pero cuando tienes una urgencia médica y necesitas llegar a un hospital, aunque sea fácil encontrar un coche, que te lo laven, que te pongan aire en las ruedas y te llenen el depósito de gasolina, puede resultarte muy difícil encontrar un buen hospital al que dirigirte. Y cuando llegas allí, conseguir la atención que precisas para tu cuerpo es mucho más complicado que conseguir un servicio para tu coche. Uno esperaría que la salud física fuera más importante que los coches, pero no parece que sea así, a juzgar por la manera en que la sociedad ha dado prioridad a estos por encima de la salud de las personas.

El ejemplo de los sistemas sanitarios es una indicación muy significativa de que los negocios están a la cabeza de la lista de prioridades en casi todas partes. La libertad se encuentra en la parte baja de la lista. ¡Puede que la felicidad real ni siquiera figure en ella! Cuando dejamos de valorar la felicidad, estamos viviendo en una sociedad que niega el valor de la vida humana, porque los seres humanos tienen capacidad potencial para experimentar una felicidad real y duradera. La sociedad debería hacer todo lo posible para permitirnos satisfacer ese potencial, ofreciendo condiciones reales para la felicidad. El amor y la compasión llevan a los seres humanos a ella; la competición y la codicia, no. Creo por tanto que una sociedad que no apoye las condiciones de la felicidad verdadera, no respeta el valor de la vida humana.

Imaginando, en cambio, una sociedad que valore la vida humana y su potencial para la felicidad, podemos preguntarnos: ¿qué tipo de sistemas de salud crearíamos si tuviéramos conciencia del dolor y el sufrimiento de las personas que necesitan cuidados? Esta conciencia no debería ser difícil de crear. Nuestra capacidad para experimentar la alegría y la pena, el placer y el dolor, el anhelo siempre presente de estar libres del sufrimiento, todo eso es común a la totalidad de los seres humanos. Esto significa que todos tenemos una base sólida para empatizar con cualquier otro.

Aunque no percibamos directamente los sentimientos de dolor físico de las demás personas, basándonos en nuestro propio cuerpo podemos conseguir fácilmente una sensación de lo que sienten. Podemos llenar el hueco físico entre uno mismo y el otro con un simple acto de la imaginación. Cuando desarrollemos el hábito de imaginarnos en el lugar de otra persona, reconoceremos nuestra igualdad. Descubriremos que es inaceptable dejar que los otros sufran, porque comprenderemos que compartimos con ellos la misma capacidad para el sufrimiento.

El potencial para la felicidad es algo que también comparten todos los seres humanos. Nuestra igualdad fundamental significa que nadie tiene ni más ni menos derecho que los demás a ser feliz y a estar libre del dolor. Esta conciencia de igualdad debería ser un principio rector en la construcción de una sociedad compasiva.

## Diferencia sin división

Al mismo tiempo, ser conscientes de nuestra igualdad como seres humanos no debería impedirnos reconocer nuestras diferencias sociales y culturales. Que seamos iguales no significa que tengamos que ser idénticos. Ni que nuestras diferencias culturales socaven nuestro idéntico derecho al acceso a los servicios básicos, como la atención médica y la educación, que son una necesidad de todos los seres humanos sin distinción. Los sistemas sociales deben tener en cuenta tanto nuestra igualdad como nuestras diferencias.

La diversidad en una sociedad no tiene por qué ser problemática. Por el contrario, puede ser una fuente de riqueza y de goce. Podemos reconocer las diferencias y disfrutar de ellas, pero debemos tener cuidado de no exagerar su importancia o fortalecerlas. Cuando lo hacemos, perdemos de vista fácilmente nuestra humanidad compartida y nos dividimos en categorías de nosotros y ellos, superior e inferior, mejor y peor.

En la comunidad tibetana en el exilio, estos patrones están muy extendidos. En la India, vemos grandes diferencias en el punto de vista y la conducta entre los recién llegados y los veteranos, es decir, entre los que llegaron hace poco y los que llevan aquí ya cincuenta años o incluso nacieron fuera del Tíbet. Entre los tibetanos del Tíbet en particular, están aquellos que se aferran a las identidades regionales basadas en la procedencia de una u otra de las tres provincias tibetanas. Esto no constituye ningún problema. El problema surge cuando le ponemos a la gente una etiqueta en función de su lugar de procedencia y tomamos esa etiqueta como si formara parte de ella.

Por ejemplo, hay tibetanos que, cuando se enteran de que llega alguien de la provincia de Amdo, si no son de allí sienten que esa persona no forma parte de su grupo. Así es como la diferencia se convierte en un medio de separación. No obstante, esto no tiene por qué ser así. Cuando oímos que alguien es de un lugar diferente al nuestro, esa podría ser una razón para acercarnos más e interesarnos por él. Tal vez la gente de Amdo ha pasado por vivencias que nosotros no hemos experimentado. Podría tener alguna perspectiva nueva que compartir. Conocerla tal vez enriquecería nuestra visión del mundo, e incluso nuestra comprensión de la vida.

Sin embargo, no lograremos este enriquecimiento si creemos que ya sabemos cómo son las personas de Amdo. Oímos que alguien es de tal o cual lugar, y nos atenemos a nuestro pequeño conjunto de asociaciones. Esto se convierte en una etiqueta que pensamos que representa los aspectos esenciales del grupo, sin saber apenas nada de sus miembros individuales como seres humanos. Una vez ha sucedido esto, nos cerramos a aprender nada nuevo de ellos o incluso acerca de ellos. Los convertimos en algo separado de nosotros, y de ese modo puede ser incluso difícil conectar con ellos, puesto que ya los hemos etiquetado y encerrado en una caja.

El ejemplo de los musulmanes podría resultar más familiar. Cuando pensamos en ellos, algo aparece de inmediato en la mente de muchas personas: el terrorismo. No pensamos en la gran cultura del Islam. No pensamos en el gran arte, la arquitectura, la literatura o la filosofía; solo en el terrorismo. Cogemos trozos aislados de información y los aplicamos generalizándolos a todos los miembros de ese grupo. Sin embargo, la información que pensamos que es la más importante rara vez lo es en realidad. Puede que no sea veraz en absoluto, e incluso, cuando lo es, nunca refleja todo el cuadro. Y tampoco se puede aplicar a cada uno de los miembros del grupo.

Deberíamos desconfiar inmediatamente de afirmaciones como: «Ese grupo de gente y aquel otro están completamente atrasados», o de las que aseguran que «todos» son unos ladrones o «todos» son cualquier cosa. Ningún grupo humano de seres es homogéneo. Incluso un mismo individuo es interiormente diverso, está lleno de pensamientos y emociones que varían según los diferentes momentos. Reflexionando sobre esto podemos tomar la decisión consciente de cultivar una mayor sabiduría en nuestra interpretación de otros individuos y comunidades, y de esa manera, comenzar por cuestionar lo completas o pertinentes que pueden ser nuestras ideas sobre los demás. Podemos también buscar lo que haya de positivo en nuestras diferencias, centrándonos simplemente en lo positivo del otro grupo. Podemos valorar cómo nos enriqueceríamos y lo que aprenderíamos si mirásemos la vida desde su perspectiva. Podemos sencillamente preguntarles sobre su gastronomía o sobre los lugares hermosos de su región. Aprender a apreciar las diferencias: empieza con algo tan simple como eso.

## Valorar la diversidad

Mi opinión personal es que la diversidad humana debería ser muy bien recibida. Si tomamos nuestro cuerpo como analogía, obviamente nuestros ojos son diferentes de nuestra nariz, y las piernas son distintas de la boca. Cada miembro u órgano tiene un papel importante que desempeñar, y todos se apoyan mutuamente. Aunque no percibamos a simple vista sus relaciones, es evidente que las partes hacen juntas todas las funciones, realizando cada una de ellas una contribución distinta al conjunto.

Tengo una historia que contar sobre esto; espero que no os parezca demasiado prosaica. Según cuenta esta historia, hubo una reunión de todas las partes principales del cuerpo. El propósito de la reunión era determinar cuál de ellas era la más importante. Estaban invitados todos los peces gordos del organismo: los pulmones, el hígado, los riñones, el corazón, los intestinos, los huesos; en resumidas cuentas, todos los que eran alguien. Pero no invitaron al ano a la reunión. Cuando este se enteró de que le habían excluido, se lo tomó muy a pecho. ¿Cómo podían negar que fuera parte de su comunidad? Profundamente ofendido, decidió declararse en huelga.

¡Ay, cómo sufrió el resto de las partes cuando se bloqueó todo el tráfico! Ya no se sentían tan elevadas y poderosas. Tuvieron que ir a suplicar el perdón del ano, y le pidieron que se uniera a la reunión y reanudara sus trascendentales actividades. Y he aquí que cuando se reanudó la reunión, votaron unánimemente a favor del ano como la parte más importante. Así pues, independientemente de lo que piense la gente, ningún órgano es insignificante. No hay ninguna jerarquía en nuestro cuerpo. Todas las partes son interdependientes y se apoyan recíprocamente.

Del mismo modo, todos nosotros, los seres humanos, somos parte de un mismo organismo. Que no queramos reconocer la importancia de otra persona no significa que esa persona no sea importante para nuestro bienestar. Que no queramos reconocer lo que compartimos con los otros no significa que podamos separarnos de ellos. La interdependencia es una verdad ineludible de nuestra existencia.

Por supuesto, no somos todos idénticos. Pero precisamente porque existen diferencias entre nosotros, todos tenemos algo que ofrecer a los demás. Podemos trabajar juntos haciendo contribuciones diversas y complementarias. Porque todos somos parte del mismo cuerpo social, es del máximo interés para todos asegurar que juntos podamos funcionar bien.

## Una sociedad global

Vivimos en una sociedad global. La gente abandona sus hogares y busca oportunidades en países distantes, y esto tiene como resultado que probablemente debamos compartir nuestra comunidad con personas de culturas y nacionalidades diferentes. La inmigración es otra señal de la dimensión global de nuestra interdependencia.

La presencia de inmigrantes puede ser una prueba decisiva para la compasión en muchas sociedades. Podemos verlo en los Estados Unidos, en otras naciones ricas de los estados del golfo Pérsico y en la Europa occidental. La inmigración es la prueba del compromiso real de una sociedad con la igualdad humana real ante las diferencias aparentes. Esto nos coloca ante los ojos –muy literalmente– las implicaciones éticas de la interdependencia y la igualdad. ¿Qué hacer cuando la gente deja su hogar porque allí está sufriendo y se instala en tu barrio en busca de felicidad? Cuando esas personas dependen de tu amabilidad y compasión, ¿permitirás que su etnia o su nacionalidad se conviertan en un pretexto para crear fronteras entre ellas y tú?

El caso de los inmigrantes puede servirnos para examinar cómo deberíamos aplicar los valores básicos que nuestra sociedad mantiene. Si lo hacemos, creo que reconoceremos que no importa de dónde vengan; todos ellos anhelan ser felices, igual que nosotros. Tienen el mismo derecho humano básico a la felicidad. Puede que no seamos capaces de comprender todas las complejas cuestiones sociales que subyacen en la decisión de la gente de abandonar su hogar. Sin embargo, podemos decir con certeza que la mayoría de las personas que emigran a una nación más próspera lo hacen en busca de mejores condiciones para la felicidad.

Conozco a muchos refugiados tibetanos que tratan de emigrar a los Estados Unidos con la esperanza de mejores oportunidades. Muchos carecen de los beneficios de una educación, de especialización profesional o de riqueza. No hay ninguna garantía de que encuentren una vida mejor cuando lleguen, pero ponen sus mayores esperanzas en América. Familias enteras reúnen sus recursos para ayudar a que uno de sus miembros alcance su objetivo. Pasan años considerando y planificando este importante movimiento. Después de decidir abandonar todo lo que les es familiar, muchos emigrantes arriesgan todo lo que tienen y sufren terribles penurias para llegar al lugar de sus esperanzas. Creo que antes de dar ese paso, deberían haber agotado verdaderamente todas las opciones en su país natal.

En algunos casos, si los inmigrantes ilegales son enviados de vuelta a sus países de origen, su vida se ha terminado. Tal vez la frontera más rigurosa actualmente sea la que existe entre Corea del Norte y Corea del Sur. Muchos norcoreanos que quieren dejar su país se las arreglan para cruzar la frontera con China. Cuando China los devuelve a su país, eso supone enviarlos a un sufrimiento seguro. Escapar del Tíbet implica también serios riesgos. Cuando yo huí, era consciente de que si me atrapaban me enfrentaría al encarcelamiento o a algo peor. Fue una experiencia terrible, compartida por innumerables emigrantes.

Por supuesto, para cualquier país, es difícil acoger a todos aquellos que quieren entrar, ya que los recursos son limitados. La seguridad nacional es otra cuestión. Sin embargo, la inmigración es también una cuestión humana. Las leyes de inmigración pueden estar preestablecidas, pero la vida de las personas no lo está. No hay ninguna respuesta fácil a la cuestión de fronteras cerradas o fronteras abiertas. Pero, en cualquier caso, seguimos teniendo el reto de encontrar ayuda para las personas desesperadas.

¿Quién lo encabezará si no son los Estados Unidos? Los gobernantes deben recordar que, originalmente, casi todos los norteamericanos fueron inmigrantes. Sus antepasados llegaron a los Estados Unidos debido a la falta de oportunidades y de libertad en sus países de origen. Estos son los ideales simbolizados por la Estatua de la Libertad. ¿Acaso no dice: «Dadme vuestras masas cansadas, pobres, hacinadas, que anhelan respirar en libertad»? Este es un noble ideal al que los norteamericanos podrían rendir homenaje ahora ayudando a otros a encontrar esperanza. De hecho, este es un ideal que el resto del mundo debería abrazar también.

Muchas de las personas más vulnerables que se instalan en los nuevos países terminan realizando los trabajos rechazados por quienes ya estaban allí. Aunque los inmigrantes parezcan ocupar los escalones más bajos de la sociedad, esto solo muestra que forman parte de los cimientos que sostienen el resto de la estructura social. Realizan servicios que los ciudadanos usan y necesitan. En realidad, su trabajo hace que los precios de muchos bienes y servicios sean asequibles, y ayuda a que la economía nacional sea competitiva con la de otros países. Sean legales o ilegales, no se puede negar que los inmigrantes forman parte integral de todo el entramado social y contribuyen en gran medida a mantenerlo. Sin embargo, las personas que emigran están enteramente a merced de los otros. Sea o no una obligación legal, tenemos el deber moral claro e inequívoco de ayudarlos.

Creo que las cuestiones implicadas en la inmigración van más allá de las discusiones sobre cómo tratar a los inmigrantes de un país. Se plantean preguntas más generales: ¿cómo reconocemos nuestra igualdad con aquellos que nos sirven? ¿Cómo respondemos a aquellos cuya mala fortuna los obliga a trabajar por salarios que nosotros nunca nos dignaríamos aceptar? ¿Cómo podemos incluso empezar a pagar esta deuda que tenemos con todos aquellos cuyo sufrimiento hace que nuestro modo de vida sea más cómodo?

En realidad, tengan o no una gran población inmigrante, muchas sociedades actuales dependen del trabajo barato de los ciudadanos de otros países, independientemente del lugar del mundo en el que se encuentren. En los dos casos, se mantiene el hecho de que nos beneficiamos de su trabajo y del sufrimiento que implica, no importa lo cerca o lejos que puedan estar. Todos participamos de una sociedad y de una economía globales. Esto nos debería recordar que nuestra responsabilidad en la ayuda a los otros es, en sí misma, global. Nuestra responsabilidad es universal.

## Campo abierto para la acción

Si tenemos un sentimiento claro de nuestros valores, a dondequiera que vayamos encontraremos muchas posibilidades de actuar por una sociedad mejor. En los dos capítulos siguientes me centraré en otras dos áreas que ofrecen múltiples posibilidades para que nos comprometamos en la acción social: la protección medioambiental y la justicia alimentaria. Sin embargo, en cualquier área que decidamos movernos, una vez tenemos una idea de cómo queremos que llegue a ser nuestra sociedad, podemos aspirar a actuar para hacer de esa visión una realidad. Podemos tomar nuestras más elevadas aspiraciones y comprometernos en la acción social basándonos en ellas, para trabajar en beneficio de todos. No necesitamos ir en busca de aspiraciones nuevas.

Si actúas sobre esa base, lo que hagas estará lleno de sentido, independientemente de los resultados exteriores. El hecho de que tengas la intención de trabajar por los demás es importante. Actúa basándote en tus intenciones sanas y en tus impulsos altruistas. Si tienes el pensamiento de beneficiar a la sociedad, eso es importante. Alimenta y atesora ese pensamiento, y actúa de acuerdo con él de la mejor manera que puedas. El hecho de hacerlo sin duda te cambiará, y eso mismo puede ser el comienzo del cambio que quieres ver en tu mundo.

# 7

# Protección medioambiental

## Cultivar nuevos sentimientos por la Tierra

Cuando buscamos nuevos caminos para hacer realidad nuestra visión de una sociedad más compasiva, un área que pide a gritos nuestra atención es el trato que le damos al entorno natural. Proteger el medioambiente del que todos dependemos para nuestra supervivencia es una manera inmediata de cuidar de todos los seres.

Hemos visto que la cultura global de consumismo que ha sido tan devastadora para nuestro planeta surge de una fuerza emocional que se introduce en el corazón de los seres humanos: la fuerza de la codicia. De esa y de otras maneras, nuestras actitudes y nuestros sentimientos están causando la destrucción a gran escala de nuestro entorno físico. Por lo tanto, la mejor forma de proteger mediante nuestro esfuerzo el medioambiente es cambiando nuestras actitudes y nuestros sentimientos.

En los últimos años hemos tenido acceso a una gran cantidad de información acerca del impacto de nuestras acciones sobre el entorno. Los seres humanos poseemos una inteligencia tremenda, pero es evidente que sigue existiendo un gran desfase entre el cerebro y el corazón. Parece que nos resulta fácil procesar la información nueva y generar ideas; sin embargo, es mucho más difícil crear sentimientos nuevos. Aunque estemos dispuestos a reconocer conceptualmente la trascendencia de una situación, por alguna razón sucede con frecuencia que esta comprensión no logra conmover nuestro corazón. Nuestra inteligencia intelectual no se traduce en emociones inteligentes, y el corazón y el cerebro parecen hallarse en mundos separados. Lo que ahora necesitamos para estar de acuerdo con todas las nuevas y poderosas ideas sobre el medioambiente son nuevos y poderosos sentimientos.

Hay maneras de pensar en la Tierra que van más allá del mero conocimiento y que nos llevan a sentir profundamente nuestro entorno físico. El sentido del asombro y el aprecio de la belleza de nuestro planeta son un punto de partida útil para desarrollar un fuerte sentimiento hacia el entorno. Cuando hablo de entorno o medioambiente, estoy hablando, en términos más generales, de todo el universo. Estudiar astronomía puede poner de relieve la grandeza del universo, y estudiar ciencias naturales revela la magnificencia de nuestro hogar particular en ese inmenso cosmos. En mi caso particular, he encontrado gran afinidad entre el estudio del medioambiente y el budismo. Cada uno me ayuda a profundizar en mi comprensión del otro; cada uno aviva mis sentimientos por el otro.

He observado que a veces la gente habla de nuestro planeta como si se tratase de un objeto. Esta actitud no conducirá a los sentimientos de cercanía y afecto que nos muevan a cuidar de la Tierra. Como sabemos, esta no es una roca muerta que flota en el espacio. Es un sistema vivo, en sí mismo como conjunto y en todas y cada una de sus partes. Yo personalmente no la veo como un objeto inanimado, como un trozo de piedra. Pienso en ella como ser vivo. Sentado en la tierra, siento que estoy descansando sobre el regazo de una madre. Es gracias a ella por lo que todo existe. De esta manera, podríamos pensar fácilmente en la Tierra como una diosa, una diosa que vive, respira y permanece en una actitud de ofrecimiento constante.

## El escenario que lo sostiene todo

No creo que sea posible estar demasiado agradecido a nuestro planeta. Es el hogar universal donde hemos experimentado todas las etapas de nuestra vida, en el pasado y en el presente, y donde lo haremos en el futuro. De esta manera, la Tierra se ofrece por igual a todos nosotros, como el escenario en el que representar nuestra felicidad y nuestras penas, las comedias más alegres y las tragedias más desgarradoras, así como todo lo que hay entre ellas. La realidad es que la estamos destruyendo de forma acelerada. Pero si la única plataforma que tenemos se derrumba, todas las acciones presentes y futuras de nuestra vida se acabarán, para siempre.

Pienso que la Tierra puede ser para nosotros una maestra, que nos ofrece un modelo de cómo cuidarnos y tratarnos unos a otros. Nos muestra especialmente cómo ver a todas las personas como seres completamente iguales. En términos convencionales, hablamos de buenas personas y malas personas. La sociedad alaba a los considerados «buenos» y rehúye e incluso destierra a los considerados «malos». La Tierra nunca hace esto, jamás. Para ella, todos somos iguales. No hace distinciones, sino que nos otorga a todos por igual las condiciones que necesitamos para sobrevivir y desarrollar nuestra vida.

Aunque aquellos a los que la sociedad condena como «malos tipos» se exiliaran, no podrían vivir en la luna, ¿o sí? Los criminales más endurecidos pueden contar con el mismo apoyo y aceptación que nuestra madre, la Tierra, ofrece a los más santos de los santos. Proporciona el mismo aire a todos los seres por igual, de forma incondicional. Nos demuestra lo que significa aguantar, ser complaciente y proveer. Nunca nos deja de lado.

Hay una oración budista en la que manifestamos nuestra aspiración de llegar a ser como ella. Decimos:

*Que yo sea como la Tierra,*
*que nos proporciona el aire, el suelo, el agua,*
*y todo lo que nos da*
*es fuente sagrada de nuestra vida.*

Inspirada por el ejemplo de nuestro planeta, esta oración nos alienta a convertirnos en fuente incondicional de bienestar y vida para los demás. Se trata de una aspiración suprema. No solo tenemos mucho que aprender *sobre* el medioambiente; también tenemos mucho que aprender *de* lo que él puede enseñarnos.

## Ecología profunda, respeto profundo

En la cultura, la religión y la filosofía tibetana tradicional, existe un respeto muy profundamente arraigado por la naturaleza. La naturaleza es sagrada. Nuestra relación con ella es similar a la que se encuentra en las culturas nativas americanas. Los tibetanos tradicionales creen que las montañas y las corrientes de agua están habitadas por seres divinos. Cuando ven un árbol o una roca especialmente impresionantes, sienten que debe de ser la morada de un espíritu sagrado.

Ni siquiera se nos ocurre jamás la posibilidad de contaminar una fuente de agua que usen otras personas o animales, ya que creemos que incurriríamos en la ira de los espíritus sagrados que habitan en ese lugar. También el fuego del hogar se considera sagrado. No se puede quemar en él nada que no sea un combustible limpio, ni siquiera lana. Puede que el humo de la lana quemada no sea tóxico, pero se dice que puede molestar a algunos espíritus. ¡No digamos ya de quemar plástico!

Mientras fui creciendo, estuve completamente aislado de las «comodidades» modernas: ni electricidad, ni coches, ni siquiera bicicletas. En aquel lugar, unas simples golosinas causaban una tremenda emoción. Si de niño te las arreglabas para conseguir tres caramelos en un año, podías decir que era un año muy bueno. Fuera de esas tres envolturas de los caramelos, ni siquiera veías plástico de un año a otro. En particular, no teníamos ninguna preocupación por qué hacer con nuestros residuos, porque prácticamente no había nada que no fuera biodegradable.

Supongo que la zona nómada donde crecí fue uno de los últimos lugares de la Tierra en que nuestra cultura tibetana antigua estaba todavía viva. Todo ha cambiado ahora. En los años que han pasado desde que me fui de allí, las autoridades chinas han instado con fuerza a la gente a que se instale en casas, compre motocicletas y participe en la economía generalizada del dinero. El modo de vida que yo conocí entonces ha desaparecido casi por completo. Pero me siento verdaderamente feliz de haber podido experimentarlo. Estoy profundamente agradecido por ello.

El sentimiento de la naturaleza como algo sagrado ha sostenido los sentimientos de atención y cercanía al medioambiente que han estado conmigo durante toda mi vida. Cuando tenía cuatro o cinco años, empezó a secarse una fuente de agua en nuestro valle. Para unos nómadas que viven en una zona árida y con mucho ganado al que cuidar, ese era un asunto muy serio. La pérdida de una fuente de agua tendría un impacto enorme en nuestras vidas. Era una creencia común en aquella zona que plantar árboles ayudaba a proteger las fuentes. Lo que ahora aprendemos en clase de ciencias sobre las cuencas de agua entonces se transmitía simplemente como parte de nuestra sabiduría ancestral. Planté, con mi padre, un árbol cerca de aquella fuente que mermaba. En realidad, él hizo la mayor parte del trabajo, pues yo era muy pequeño, pero recuerdo que en aquel momento pronunciamos unas oraciones pidiendo que todos los seres vivos de la zona pudieran disponer de agua. En aquella elevada altitud y con un clima duro, es difícil que los árboles sobrevivan, pero ese lo hizo, y también nuestra fuente. Creo que mi deseo sincero de cuidar el entorno comenzó en aquel momento.

## Despertar el sentimiento en los demás

Cuando dejé el Tíbet, llevaba conmigo aquellos sentimientos hacia el entorno natural. Más tarde, ya de adulto, decidí organizar un congreso en la ciudad de Benarés, en la India, para educar a los monjes y monjas budistas sobre cuestiones medioambientales. Para la mayor parte de ellos, esa fue su primera aproximación al tema, y vi que estaban profundamente afectados, no solo intelectualmente estimulados, sino también emocionalmente conmovidos. Comprobar que la gente podía llegar a sentirse animada a actuar para proteger el medioambiente me alentó a ser más participativo en esa área. No todo el mundo ha crecido en una situación en la que el respeto por la santidad de la naturaleza se alimenta desde la infancia, pero vi que también es posible desarrollar este sentimiento de respeto y sobrecogimiento ante el entorno natural en personas adultas. Eso me dio el ánimo necesario para intentar hacer algo más.

A diferencia de los monjes y monjas tibetanos de los monasterios del Himalaya, la mayoría de la gente recibe en Occidente una educación amplia en conciencia medioambiental como materia académica. Ya habéis recibido gran cantidad de información sobre los efectos de la contaminación, del calentamiento global y de las consecuencias, en general, de nuestro abuso a largo plazo del planeta. No creo que sea necesario insistir en lo urgente que es actuar para proteger nuestro hogar.

Tal vez la mejor forma de comenzar sea discutiendo el cómo. El factor más importante que nos moverá a actuar para proteger el mundo es la compasión. Nuestra compasión debe abarcar tanto lo animado como lo inanimado, es decir, tanto el entorno físico como los seres que lo habitan.

## La verdadera intrepidez

La compasión es fundamental para la protección medioambiental porque nos mueve a actuar para ayudar y cuidar a los demás. Velar por el medioambiente es una manera importante de proteger a todos los seres que dependen de él para su existencia. La compasión supone mucho más que simplemente conocer una situación difícil.

Ni siquiera presenciar directamente el dolor induce necesariamente a una reacción de compasión. Observé esto por mí mismo una vez mientras veía un documental en el que colgaban a los animales cabeza abajo para sacrificarlos. Cuando les cortaban la garganta, la sangre salía a chorros y sus patas se estremecían bruscamente de terror y de dolor. Era sumamente duro de contemplar, realmente insoportable. Pero mientras los carniceros les cortaban el cuello a los animales para quitarles la vida, reían y bromeaban. Obviamente, podían ver sus movimientos dolorosos y oír sus gritos –el sufrimiento era visible y audible– pero no parecían reconocerlos como signos de un dolor terrible. Y aunque supieran que estaban infligiendo dolor, el sufrimiento de los animales no significaba nada para ellos. Era como si estuvieran viendo un espectáculo.

De hecho, algunas personas incluso matan animales como forma de diversión. En algunas culturas, la caza se considera un deporte, ¿no es así? Algunos parecen creer que es de valientes matar animales. Por desgracia, actualmente hemos desarrollado un tipo equivocado de valentía, la valentía para hacer daño a otros, sin ser conscientes de que esto está destinado a volverse en algún momento contra nosotros. Cuando alguien se acostumbra a tomar la vida de los animales sin pensar en absoluto en el dolor que causa, al final le resulta fácil hacer daño y matar a otras personas. Incluso el dolor de sus semejantes humanos puede dejar de captar su atención.

El valor real que procede de la compasión está muy lejos de esto. Cuando la compasión está presente, no pasamos por alto el dolor de los demás. Tenemos, por el contrario, un sentimiento de urgencia por poner fin a ese dolor, como si acabaran de encender un fuego justo debajo de nosotros. Si albergas esa compasión, en cuanto ves un sufrimiento deseas saltar para actuar y que acabe de inmediato. No tienes ningún miedo ni vacilación a la hora de asumir el sufrimiento de otras personas, animales e incluso del planeta mismo. Esto es lo que llamaría el tipo correcto de valentía. Este es el valor de los héroes verdaderos.

Creo que lo que se ha perdido en aquellos que no sienten nada al contemplar el dolor ajeno es el sentido de cercanía, así como el reconocimiento de la similitud entre nosotros y el resto de los seres vivos. Cuando faltan estas cualidades, incluso las acciones hechas para beneficiar a otras personas podrían no estar enraizadas realmente en la compasión. La acción compasiva no supone mirar desde arriba a un animal o a un individuo pobre o de aspecto lastimoso y derramar nuestra caridad sobre ellos desde una posición arrogante, de superioridad. Ese tipo de acción caritativa puede acabar alimentando nuestro ego, y posiblemente se parezca más a un complejo u orgullo de salvador que a una compasión real. Con ese tipo de actitud de sentir lástima, en realidad nos mantenemos apartados de los otros seres. Negamos nuestra profunda semejanza con ellos.

La compasión real es algo totalmente diferente. Con compasión, nos acercamos más al resto de los seres vivos porque reconocemos que son vulnerables al sufrimiento, igual que lo somos nosotros. Aplicando nuestra propia experiencia de sufrimiento a lo que vemos en otros, sentimos algo semejante a lo que ellos sienten. Esto atraviesa nuestro corazón y se vuelve insoportable, generando la firme decisión de hacer algo de manera inmediata para protegerlos. La compasión verdadera se transforma directamente en acción.

## Malentendidos sobre la compasión

La compasión es una herramienta poderosa en nuestra acción para proteger el medioambiente. La necesitamos porque nos relaciona personalmente con el tema, y nos sostiene en el largo camino. Algunas personas malentienden este punto y dicen que no quieren sentir compasión. Suponen que esta se añadirá a su propio sufrimiento, porque piensan que implica sentir personalmente el dolor que ven a su alrededor. Esto puede suceder especialmente cuando las personas contemplan la destrucción general de nuestra fauna y el medioambiente como un todo. Tal vez digan: «Es demasiado. Ya tengo bastantes problemas en los que pensar. No puedo asumir ni uno más».

Esto refleja un malentendido sobre la naturaleza de la compasión. Compasión es lo que sentimos cuando nos centramos en la persona o el animal que está sufriendo, no lo que sentimos cuando nos centramos solo en el sufrimiento. ¿Cuál es el objeto de nuestra compasión? Es el ser que está sufriendo. Si tomas a un animal o a una persona como el objeto de tu compasión, no te verás abrumado por su sufrimiento. De esa manera, podrás centrarte en ellos y en lo que puedes hacer por ellos.

Imagina que algo que valoras y guardas con sumo cuidado se estuviera quemando. No te centrarías en el calor y las llamas que lo están consumiendo. Sintiendo vivamente el valor del objeto y deseando protegerlo, te centrarías en él, e inmediatamente usarías cualquier cosa que encontraras a mano para tratar de salvarlo del fuego. No te atormentarías con lo caliente que está el fuego ni con lo triste que es la situación, ni te sentarías allí a considerar si realmente dispones de la herramienta correcta. No te centrarías tampoco en ti mismo. Tu preocupación por salvaguardar el objeto te impediría cualquier pensamiento egoísta. Tu mente se enfocaría solo en la información que necesitaras para resolver la situación y actuar.

Lo importante es cuidar tan atentamente de los otros que generes el valor y la determinación para aliviarlos de su sufrimiento. Eso es compasión.

Otro malentendido bastante arraigado es que la compasión es algo de lo que ahora careces, por lo que necesitas salir a conseguirla en alguna parte. Cuando hablo de compasión, no me estoy refiriendo a algo que sea extraño a nosotros, que necesite ser importado. La compasión es más bien inherente a toda persona, como una parte intrínseca de nosotros durante todo el día, todos los días, a lo largo de toda nuestra vida.

El hecho de que sientas afecto por los miembros de tu familia o por tus animales domésticos se debe a la compasión y el amor que ya residen en ti. Incluso tu deseo de cuidar el jardín que está al otro lado de tu ventana es una expresión de amor y solicitud. La compasión no es algo nuevo que tengas que adquirir y plantar. Se trata solamente de alimentar las semillas que ya posees.

## Trasladar el interés por uno mismo a los demás

Puede surgir alguna confusión debido a ciertas semejanzas entre la compasión y el apego. Los dos implican una especie de solicitud, aunque en otros aspectos son radicalmente diferentes. El apego se dirige a nuestros propios intereses e implica preocupación por nosotros mismos. La compasión, por el contrario, se dirige a los intereses de otros y tiene que ver con cuidar de los demás.

Esta semejanza es algo de lo que podemos hacer uso en nuestra vida espiritual. Aquí tenemos un ejemplo sencillo: digamos que tienes tres piezas de fruta. Si te las comes todas tú solo y no las compartes con nadie, eso es apego o deseo. Implica preocupación solo por uno mismo. Sin embargo, si te comes una y les das el resto a otros para que las disfruten, eso puede convertirse en compasión. El apego o deseo habrá sido transformado en cuidado de los otros. De esta manera, la compasión es una especie de transferencia de ti mismo a otras personas.

Es cierto que todos tenemos cierta dosis de deseo o apego, pero también la capacidad de transformarlo en compasión. No obstante, en cuanto forma extrema de apego, la codicia que examinamos anteriormente presenta un serio obstáculo a nuestro cultivo de la compasión. Espero que quede definitivamente claro lo importante que es para nosotros romper el hechizo de la codicia en el que podemos haber caído y evitar que vuelva a nosotros.

Para ello, podemos intensificar activamente nuestra conciencia de la dependencia fundamental que tenemos con respecto a las demás personas y al medioambiente. Cuando reconozcamos con una claridad cada vez mayor lo profundamente interdependientes que somos unos de otros, nuestro sentido de cercanía al reto de los seres y a la Tierra puede ahondarse igualmente. Esta conciencia debilita nuestro sentimiento de separación y diferencia, y puede, finalmente, eliminarlo. Esto proporciona un poderoso apoyo a nuestros esfuerzos por transformar la preocupación por uno mismo propia del apego en un cuidado compasivo del mundo.

## Dejar que el corazón tome el mando

Habíamos comenzado este capítulo sobre el medioambiente señalando que aunque tengamos muchas ideas sanas sobre él, a menudo no están acompañadas de unas emociones sanas. Sin desarrollar emociones sanas, no dispondremos de todos los recursos que necesitamos para curar nuestro planeta. Como emoción saludable que todos podemos sentir, la compasión es uno de esos recursos.

Señalaba también la necesidad de que exista una relación más estrecha y saludable entre nuestra inteligencia y nuestras emociones. A menudo nos sentimos confusos sobre a cuál de las dos deberíamos dar prioridad. A veces parece que valoramos el intelecto, pero no las emociones. Pero esto es una equivocación. En el budismo pensamos que la compasión y la sabiduría –o inteligencia– están necesariamente emparejadas. La relación sana entre ellas consiste en que la primera sea como un rey, con la segunda sirviendo como ministro. El rey da órdenes y el ministro tiene que encontrar la manera de ejecutarlas. De manera similar, nuestra compasión debería establecer la orientación de nuestras acciones, mientras que la sabiduría sirve para determinar cómo llevarlas a la práctica. Por desgracia, con demasiada frecuencia lo que ocurre es lo contrario. La inteligencia se despliega indiscriminadamente, atropellándolo todo a su paso, mientras que la compasión se arrastra despacio, mucho más atrás.

Esto es un error. Tenemos que permitir que el corazón asuma la dirección. La compasión es indispensable; es el factor más importante que necesitamos si queremos lograr algún éxito real en la protección del medioambiente, en crear una sociedad justa o, simplemente, en tener vidas saludables y felices.

## Pasos que hay que dar

Una vez que estamos movidos por el deseo compasivo de cuidar del mundo y disponemos de suficiente información sobre el estado del medioambiente para ver que el cambio es necesario, ¿qué es lo siguiente? ¿Qué podemos hacer realmente?

Para evitar abrumarnos por la enormidad de la tarea, es importante recordar que la sociedad no es nada fuera de sus miembros individuales, como ya dije en el anterior capítulo. La crisis medioambiental actual fue creada por miles de pequeños actos, la mayoría debidos a una conducta irreflexiva. Puede ser también solventada por miles de pequeños actos, y si nos entregamos a esos actos de manera consciente, a menudo los problemas se pueden resolver más rápidamente de lo que fueron creados.

Pienso que es importante identificar claramente los pasos que cada uno puede dar por sí mismo, aquí y ahora.

Reconsiderar nuestro consumo personal de carne es una manera en la que nosotros, como individuos, podemos tener un impacto directo. El vegetarianismo implica muchas cuestiones éticas, pero es también una cuestión de protección ambiental. Nuestra dependencia de la carne es una causa fundamental del cambio climático, la deforestación y la contaminación. No faltan datos que nos lo demuestren. Aproximadamente el 20% de las emisiones de gas invernadero del mundo está causado por los animales criados para el consumo humano. El gas metano emitido por el ganado contribuye más al cambio climático que el dióxido de carbono. Esto nos dice que si los seres humanos hicieran un cambio significativo hacia el vegetarianismo, ese solo cambio podría reducir extraordinariamente el calentamiento global.

Además, se necesitan inmensas cantidades de pienso, agua, tierra, combustible y otros recursos para mantener al ganado, mucho más de lo que se precisa para cultivar lo necesario para una dieta vegetariana. Los estudios indican que la tierra que se utiliza para producir alimento para una sola persona carnívora podría sostener a veinte vegetarianos. Esto demuestra que nuestra huella ecológica podría ser mucho menor si abandonásemos la carne.

Existe abundante información que muestra que nuestro consumo de carne tiene un efecto adverso sobre el medioambiente. Pero no necesitamos científicos para demostrar que la contaminación es una consecuencia de la industria ganadera. Basta con visitar una granja de ganado vacuno o una central lechera –de hecho, solo con pasar cerca de alguna de ellas el dolor te impacta– para dejar visceralmente claro lo que se está emitiendo en nuestro entorno.

La pregunta es: ¿qué hacemos con lo que todos estos datos nos dicen? ¿Nos impulsan a aprovechar esta enorme oportunidad que tenemos para ayudar a ralentizar el cambio climático y reducir la contaminación alejándonos de la carne?

Existe también abundante información sobre las condiciones en las que viven los animales criados para nuestra alimentación, sobre lo que comemos a resultas de todo ello y sobre cómo son sacrificados. Aunque saben que hay un sufrimiento muy grave de por medio, así como consecuencias medioambientales devastadoras, muchas personas siguen sin convencerse. Hay quienes han tomado nota y han respondido en consecuencia, pero la mayoría continúa como antes, como si nada perjudicial estuviera ocurriendo. ¿Por qué?

## Pasar de la cabeza al corazón

Quiero compartir algo personal con vosotros. Cuando yo era joven, comía carne. En realidad, era notoriamente aficionado a ella. (Por fortuna, ¡no estaba allí la CNN para cubrir la noticia!) Se daban determinadas circunstancias que me llevaban a comer carne. Por un lado, crecí en un lugar alejado donde la gente debe sobrevivir con lo que tiene, y lo que tenían era carne, mantequilla y queso dulce tibetano. Esos eran los alimentos tradicionales, y había pocos más aparte de ellos. La carne era simplemente lo que todo el mundo comía; por eso, basados en aquellas circunstancias y por la mera fuerza de la costumbre, todos comíamos carne.

Luego llegué a la India. Hace seis o siete años, dejé de comer carne. Esto sucedió después de ver un documental sobre la industria cárnica. Las imágenes de los animales cuando eran sacrificados hicieron que me resultara sencillamente insoportable seguir comiendo carne. Por supuesto, había considerado la posibilidad de ser vegetariano antes, pero fue solo después de ver ese documental cuando me sentí impulsado a actuar.

Esto plantea una pregunta importante: ¿qué puede hacer que las ideas conmuevan el corazón? En mi caso, la información estaba allí, pero tardé bastante tiempo en sentir realmente que me era imposible comer carne. ¿Qué es lo que hace que se produzca este cambio? ¿Cuánto debemos esperar hasta que algo que sabemos que es dañino se vuelva insoportable para nosotros? ¿Tal vez hasta que el océano Pacífico se tiña del color rojo de la sangre? ¿Es esto lo que llevará a la mayoría de la gente a darse cuenta de lo que está ocurriendo? Incluso eso podría no tener el impacto necesario sobre nuestro corazón, porque, en realidad, ya poseemos abundantes y convincentes pruebas para mostrar hacia dónde se dirige nuestro planeta.

La mayor parte de la gente que quisiera dejar de comer carne pero ha sido incapaz de hacerlo afirma que la razón es el sabor y el hábito. Muchos dicen que les agrada el sabor de la carne. Lo que les hace seguir comiéndola es el sentido del gusto. Este es el poder que tienen las emociones ante el intelecto. Por estar esclavizados a su antojo emocional por la carne, muchos no quieren dejarla aunque sepan que es eso lo que tendrían que hacer. Aparte del deseo de su sabor, la mayoría de la gente no tiene ninguna razón real para seguir comiendo carne.

Ahora, comparemos esa razón con todas aquellas por las que uno no debería comer carne: las numerosas razones éticas, de salud, espirituales y medioambientales. Estas razones auténticas pesan más que todas las demás. Parece imposible que nuestros pequeños motivos para comer carne puedan sobrevivir ante la abundancia aplastante de motivos para no hacerlo. Sin embargo, todavía nos permitimos la irrelevante excusa de nuestras papilas gustativas para eclipsar todo lo demás. Aunque tengamos una comprensión sana de los méritos relativos de comer carne frente a abstenerse de ella, aunque comprendamos el impacto de la industria ganadera sobre el medioambiente, no nos sentimos movidos a seguir los dictados de la razón. Me parece evidente que necesitamos urgentemente algo que nos penetre el corazón y traduzca nuestras ideas a sentimientos.

## Construir el puente

Tuve una vez una experiencia que me demostró que es posible construir el necesario puente entre el corazón y la mente. Tuvo lugar en el invierno de 2004 a 2005 en Bodh Gaya, India, el lugar donde el Buda se iluminó. Cada año, de tres mil a cuatro mil monjes y monjas viajan hasta allí desde monasterios y conventos a través de la cordillera del Himalaya. También acuden practicantes laicos procedentes de todo el mundo, para orar juntos por la paz mundial en nuestra reunión anual Kagyu Monlam. Durante la última sesión, decidí hablar a todos los allí reunidos sobre la renuncia a comer carne.

No ofrecí ninguna información nueva sobre el asunto. No tenía absolutamente nada que decir que no se hubiera dicho antes muchas veces. Este tema tiene una larga historia en el budismo, y el vegetarianismo se trata extensamente en numerosos textos del canon budista. Pero mi reflexión fue en este sentido: no basta con que el Buda y los grandes lamas lo hubieran dicho. La gente no hará cambios duraderos si la razón es solo que el Buda indicó que se actuara de ese modo. Si estás haciendo algo porque te sientes empujado por la autoridad de una persona, es probable que, cuando esa persona no esté cerca de ti, vuelvas a tus viejos hábitos. (En el capítulo 8, «Justicia alimentaria», añadiré algo más sobre cómo mantener nuestra decisión de hacernos vegetarianos una vez nos hemos comprometido a ello.)

La solidez de las ideas mismas tampoco es suficiente. Es curioso: con frecuencia la gente piensa que las ideas son más estables que las emociones, pero si no albergas un sentimiento real por un asunto, con frecuencia tu compromiso será muy inestable. Por eso, cuando estaba presentando el tema al público, recurrí a los argumentos que los monjes y monjas ya conocían de los textos, pero hablé de ellos de la manera más inmediata y vívida que pude.

El punto fundamental fue que la mejor manera de proteger la vida era renunciar a comer carne. Ser vegetariano es un acto supremo de salvar vidas, les recordé. Hablé muy abiertamente, e hice un llamamiento claro y directo. Luego, les ofrecí muchas opciones. Si ingerían carne varias veces al día, podían dejar de hacerlo en una comida al día, o un día a la semana, o completamente durante el resto de su vida. A continuación les pedí que consideraran la posibilidad de formular un voto de dejar de comer carne durante el período de tiempo que les pareciera oportuno.

Para mi gran sorpresa, entre el 60 y el 70% de los que estaban escuchando hicieron el voto de que a partir de aquel día dejarían de comer carne de cualquier tipo. Algunos de ellos eran viejos lamas tibetanos que llevaban toda su vida comiendo carne. He vuelto a verlos posteriormente, y me han dicho que allí se decidieron a acabar con ese hábito de una vez por todas y, lo más importante, que lo consiguieron. La noticia de esa charla –y creo que también, tal vez, una grabación– llegó al Tíbet. Después de eso, nos enteramos de que la venta de carne se redujo notablemente en la zona que rodea Lhasa, la capital del Tíbet. La noticia llegó también hasta los monasterios, e incluso hasta las aldeas. Desde entonces, muchos monjes, monjas y laicos han dejado de comer la carne que siempre se había considerado intrínseca a la dieta tibetana.

Realmente, no tenía ninguna expectativa de que mi charla pudiera lograr tales resultados. Me sentía convencido, y el mío era un llamamiento verdaderamente sincero. No tenía ninguna información nueva que dar, pero ofrecí la frescura de mis propios sentimientos y traté de que esos sentimientos cobraran vida para la gente que escuchaba. Esto podría ser solo un pequeño ejemplo de cómo hablar desde el corazón puede afectar a los otros más de lo que lo hacen las meras ideas.

## Una relación sostenible con el planeta

Ya hemos visto que nuestros modelos actuales de consumo de los recursos del planeta no son sostenibles. Estamos literalmente en medio de una crisis medioambiental. Para responder a esa crisis, podemos examinar cómo y qué consumimos. Reducir o acabar con nuestra ingesta de carne tendría un impacto, y es algo que puedes decidir hacer justo ahora, si así lo deseas. Podríamos también ser mucho más creativos de lo que hemos sido a la hora de aplicar nuestra inventiva humana para producir –y aprender a valorar– bienes materiales que sean más duraderos y menos perjudiciales para el medioambiente.

Pero limitarse a ser más perspicaces en la forma en que usamos nuestros recursos naturales no es suficiente para conseguir una sostenibilidad medioambiental completa. Necesitamos algo más.

Para empezar, podemos preguntarnos quiénes son realmente los propietarios del planeta. A los seres humanos nos gusta pensar que somos nosotros. «Esta tierra es mía», decimos, y echamos a patadas a los demás de «nuestra» tierra. Pero ¿quién estuvo aquí antes que nosotros? Los animales ya habitaban este planeta antes que cualquier ser humano, y hoy son todavía mucho más numerosos. Somos solo una más entre el millón y medio de especies que viven en la Tierra. Tal vez los animales tengan más derecho que nosotros a reivindicar su propiedad. ¿Por qué estamos tan seguros de que somos nosotros los dueños?

Y si fuera cierto que poseemos el mundo, también deberíamos estar a la altura de la responsabilidad que eso implica. En realidad, si analizamos nuestra situación atentamente, reconoceremos que no podemos ser propietarios. En el mejor de los casos, podemos ser solamente guardianes y hacernos cargo del planeta en fideicomiso para las generaciones futuras de todo tipo de seres vivos.

Los seres humanos somos capaces de ser unos guardianes sabios y compasivos del planeta, ya que tenemos la capacidad de distinguir entre lo que es saludable y lo que no, y de ser responsable de adoptar lo que es beneficioso y evitar lo que es perjudicial. En otras palabras, tenemos una capacidad única para crear sistemas morales y vivir de acuerdo con ellos. Nuestra inteligencia humana nos capacita para discernir lo que aporta felicidad y lo que aporta sufrimiento. Podemos determinar lo que es bueno para el mundo y lo que lo perjudica, y del mismo modo, lo que es bueno para los animales y favorable a su felicidad, y lo que les provoca dolor.

Habida cuenta de que esta capacidad existe, es trágico que pongamos nuestra inteligencia al servicio de usos distorsionados. Precisamente ahora, estamos esquilmando nuestro entorno y haciendo uso de él de la manera más agresiva posible. Tiramos sin motivo artículos que todavía funcionan perfectamente, solo para hacernos con algo más nuevo, sin dedicar un solo pensamiento a los recursos consumidos o a dónde irán los artículos que desechamos. Matamos animales para comer, e incluso solo por diversión. Considerando todo lo que tomamos de la tierra y de los que viven en ella, ¿qué hemos dado a cambio?

Realmente podríamos devolver mucho, si nos sintiéramos movidos a aplicar la inteligencia y el ingenio de que disponemos como humanos a la tarea de cuidar del planeta, en lugar de limitarnos a extraer de él todo lo que podemos. Creo que necesitamos comenzar por casar nuestra inteligencia con nuestras emociones, especialmente con la compasión. Necesitamos también la ética como guía para aplicar nuestra inteligencia. Podemos reunir a las tres –inteligencia, emociones y ética– para considerar lo que es bueno para todos los seres sensibles, lo que es bueno para el medioambiente y lo que es bueno para las generaciones futuras de seres humanos. En otras palabras, podemos aplicar nuestros sistemas morales con más amplitud, de manera que sean plenamente inclusivos.

Nuestra preocupación por el bien y el mal, o por lo beneficioso y lo perjudicial, debe abarcar a los animales con los que compartimos el planeta, así como al entorno físico que nos acoge a todos por igual. Ya solo el hecho de consumir en menor cantidad y artículos que duren más es importante, pero eso no resolverá la situación en la que nos encontramos. Lo que puede ser verdaderamente duradero es una sana aplicación de nuestra actitud de cuidado y nuestra capacidad de discernimiento: el compromiso conjunto del corazón y la mente. Esto establecería el fundamento de una relación sostenible con el medioambiente.

Lo material es limitado, pero no existe ningún límite para el número de personas y animales que poblarán este planeta en las generaciones futuras. Todos ellos dependerán de que les dejemos un hogar que pueda mantenerlos. Las cualidades humanas de la inteligencia y la compasión son poderosas. Si aprendemos a aplicarlas ahora para proteger el medioambiente, podemos cuidar activamente del inmenso número de seres futuros que cuentan con nosotros.

Cuando basemos nuestra relación con el entorno en la compasión y la sabiduría, si ponemos en ello la mente y el corazón, podremos alcanzar grandes objetivos. Como seres humanos tenemos esa capacidad.

# 8

# Justicia alimentaria

## Remediar los ciclos del hambre y el daño

La alimentación es un área de nuestra vida en la que podemos experimentar directamente la amabilidad que recibimos de los demás. Es también un espacio en el que podemos percibir nuestra dependencia respecto del planeta y de la sociedad.

Cada vez que nos sentamos a disfrutar de una comida, estamos aceptando un don del planeta y de las personas que nos proporcionan el sustento. Cuando nos alimentamos, saboreamos nuestra dependencia de muchos otros seres y de la Tierra misma. Cada comida nos permite degustar su amabilidad hacia nosotros.

El alimento nos trae a casa todo lo que hemos analizado anteriormente sobre la gran generosidad de la Tierra, así como nuestra íntima conexión con el mundo que nos rodea.

Todos los alimentos que consumimos llegan a nuestro plato a través de largas y complejas redes que implican a muchos seres vivos –personas, plantas y animales–. Las nubes y el suelo también se suman al proceso, y de hecho todo el planeta contribuye a crear lo que necesitamos para sobrevivir. Cadenas de interacciones de largo alcance forman sistemas que hacen que los alimentos estén a nuestra disposición, comida tras comida, a lo largo de toda nuestra vida.

Desgraciadamente, muchos de estos sistemas implican explotación de otros seres humanos, de los animales y del entorno. Seamos o no conscientes de eso, estamos comiendo los subproductos de esa explotación. Nos beneficiamos de ello y, por consiguiente, tenemos parte de la responsabilidad por el tremendo sufrimiento causado a los animales en la producción de nuestra comida, por el sufrimiento físico y mental causado a los seres humanos que están trabajando en condiciones de explotación en campos o en fábricas y por el daño perdurable que se está haciendo a la tierra y al agua con el uso de fertilizantes y pesticidas. Y es más, muchos de nuestros sistemas de alimentación nos aportan productos que son perjudiciales para la salud.

Por grave que pueda ser todo esto, no lo es tanto como el hecho de que se está impidiendo que los alimentos lleguen a una gran cantidad de la población mundial. Incluso en pleno siglo XXI, todavía vivimos en un mundo donde muchas personas sufren de malnutrición y de hambre.

En otras palabras, los sistemas de alimentación supuestamente pensados para nutrirnos, no solo no lo hacen, sino que están ocasionando daño a nuestros cuerpos, a otros seres y al planeta mismo, o están causando que muchas personas estén muriendo de hambre. Cuando se llega a un punto así, es urgente que reflexionemos sobre lo que estamos comiendo y sobre la forma en que, como sociedad, producimos y distribuimos nuestros alimentos.

## Más fácil cambiar que seguir igual

Ya hablemos de reformas sociales para lograr una justicia alimentaria o de la práctica espiritual, en ambos casos el punto de partida consiste en reconocer que estamos obligados a hacer cambios. Llegar a este punto es a menudo la parte más difícil. Una vez ahí, las personas tienen diferentes respuestas. La reforma social y la práctica espiritual implican ambas modificar nuestras actitudes y nuestra conducta. La perspectiva de tener que acometer tales cambios puede parecer desalentadora, especialmente si albergamos la arraigada sospecha de que no son posibles. Podemos sentirnos desalentados ya antes de empezar, al pensar que implicarían tanto como cambiar nuestra naturaleza. Si creemos que introducir una transformación en la forma en que se producen nuestros alimentos –e incluso en lo que elegimos comer– es tanto como pedirle a un tigre que se deshaga de sus rayas, el reto que supone crear esa transformación parecerá en verdad insuperable.

Cambiar nuestro sistema puede en principio parecer difícil porque el alimento está relacionado con muchos ámbitos de nuestra vida personal y social: aspectos económicos, públicos, políticos, normas sociales, el medioambiente y hábitos personales. Sin embargo, qué y cómo comemos es algo que está cambiando continuamente. La industria alimentaria no siempre ha tenido la forma que actualmente tiene. Hace menos de un siglo no había McDonald's. Hace tan solo unas décadas no existían los fertilizantes químicos. Hace unos pocos años no se habían empleado las semillas genéticamente modificadas. Todas estas son innovaciones recientes.

Además, nuestros sistemas de alimentación fueron creados por intervenciones humanas, y por consiguiente los humanos pueden cambiarlos. De hecho, se encuentran ya en un proceso de rápida transformación, en constante estado de cambio. Esta es la naturaleza de todas las cosas. En realidad es más difícil que los sistemas permanezcan perpetuamente estancados que el hecho de que cambien de forma continua. Lo que tenemos que preguntarnos es: ¿en qué dirección queremos que nos lleven los cambios? Como hemos visto, lograr un cambio social perdurable empieza, en primer lugar, por una conciencia de la necesidad de que se produzca y, luego, por desarrollar una visión de lo que podría ser un cambio positivo. Después, tendremos que sentirnos impulsados a actuar con suficiente fuerza y, finalmente, enraizar nuestras sucesivas acciones en una motivación que pueda sostenerlas a largo plazo hasta que los cambios reales tengan lugar.

La renovación de nuestros sistemas de alimentación tiene que surgir de nosotros, los individuos que configuramos la sociedad. Tened en cuenta que una sociedad o comunidad no es nada sin los individuos que la constituyen. Por consiguiente, el impulso para realizar cambios positivos tiene que proceder de nosotros. Después de todo, somos nosotros los que compramos, pagamos y comemos todo lo que se produce.

Corresponde a cada uno de nosotros la tarea de identificar los cambios específicos que establecerían una diferencia dentro de nuestros particulares sistemas alimentarios.

Aunque algunas multinacionales del sector parezcan estar en todas partes, los productos que la gente come y la forma en que se obtienen varían mucho de una cultura o una región a otra. Lo que consumimos está muy vinculado a las condiciones locales. Mi propio conocimiento directo está limitado al lugar en el que vivo, en la India, de modo que no estoy en buena posición para sugerir medidas específicas que puedan cambiar la forma en que se producen y distribuyen los alimentos en otras partes del mundo. Es por esto por lo que os digo que cada uno tiene que afrontar la situación dependiendo del lugar donde vive y donde come.

## El espejo de la mente

Incluso aunque aceptemos en principio que debemos modificar nuestros hábitos personales de alimentación y consumo, siempre tenderemos a pensar que es todo lo demás lo que en primer lugar debe cambiar. Hay una historia que nos recuerda hasta qué punto es crucial que nos responsabilicemos de que nosotros mismos contribuimos a los problemas, en lugar de censurar a los demás por nuestros dañinos sistemas alimentarios o de esperar a que algún otro resuelva el problema.

Esa historia nos habla de un rey de un pequeño y remoto reino en el antiguo Tíbet. En aquel reino los espejos eran muy raros, prácticamente no se los conocía. Sin embargo, de algún modo el rey consiguió hacerse con un pequeño espejo de mano, y entre las manos lo tenía un buen día, mientras hablaba con su fiel y viejo sirviente. El rey lanzó una mirada al espejo, y no quedó complacido por lo que vio. Parece ser que era un hombre singularmente feo, así que se sintió muy disgustado por el rostro que le miraba fijamente desde el espejo. Lo arrojó a un lado y exclamó:

—¿Quién es este hombre tan feo? ¡No quiero volver a verlo! ¡Saca ese espejo de mi reino!

El sirviente no pudo quedarse callado ante esas palabras. Después de los años que había pasado teniendo que ver a diario el rostro escasamente atractivo de su soberano, aprovechó la oportunidad para decirle:

—Señor, he tenido que contemplarte todos estos años. ¡Para mí no existe la opción de desterrar simplemente al espejo!

Como el rey de esta historia, todos parecemos tener tendencia a mirar al resto más que a nosotros mismos. Hay un dicho en tibetano que afirma: «Para mirar a los otros necesitas un par de ojos; para mirarte a ti mismo necesitas el espejo de tu propia mente».

Reconocer lo que nos estamos haciendo a nosotros mismos, a los demás y al mundo cuando nos nutrimos es el primer paso para cambiar nuestros sistemas alimentarios. Tratar de imponer nuestras ideas a los demás no logrará un cambio perdurable y significativo. El cambio comienza cuando miramos en nuestro espejo mental y observamos que hay cosas reales que modificar, precisamente aquí, donde estamos, incluyendo el alimento que decidimos consumir.

En el capítulo 5, «Consumismo y codicia», analizaba la inutilidad de construir nuestra sociedad y nuestras vidas persiguiendo la riqueza material; esa persecución es por definición interminable, pues no hay un límite que determine cuánto es lo suficiente. Pero cuando se trata del alimento, hay una medida clara de lo que es y lo que no es suficiente.

La malnutrición y la hambruna son criterios indiscutibles de lo «no suficiente». Nosotros y los millones de personas que pasan hambre somos todos miembros de la misma comunidad global. Estamos vinculados por los mismos grandes sistemas alimentarios. Quienes estamos siendo favorecidos por dichos sistemas y disponemos, en consecuencia, de suficiente comida para nutrirnos adecuadamente debemos considerar nuestra responsabilidad hacia quienes carecen de ella.

No hay una solución simple y a gran escala al problema del hambre mundial. Sin embargo, esa situación fue creada por la confluencia de innumerables pequeños factores, y del mismo modo puede también modificarse gracias a una gran cantidad de pequeños esfuerzos unidos.

## De dónde viene el hambre

Las redes de producción y distribución de alimentos producen no solo comida, sino también hambre. Al igual que otros sistemas –como la educación o la sanidad– nuestro sistema alimentario tiende a beneficiar a los más poderosos, ya que está vinculado a nuestro sistema económico, y este favorece a los ricos en detrimento de los pobres. Ayuda a los que tienen más a beneficiarse del trabajo de los que tienen menos. Los primeros pueden argumentar que la razón de que los segundos no tengan suficiente es que son irresponsables y perezosos, pero pienso que el dedo debe apuntar en otra dirección. La razón subyacente de su pobreza es que han sido marginados. Los hemos confinado en la indigencia para nuestro beneficio. Y la alimentación es un área fundamental en la que nos estamos beneficiando de ellos: los inmigrantes que trabajan en los campos al sol durante todo el día y los obreros que procesan alimentos en las fábricas en una situación de explotación y que, sin embargo, apenas tienen lo suficiente para sus familias.

Dados los avances tecnológicos de nuestra era, a primera vista resulta difícil entender que haya todavía tanta hambre en el mundo. El coste de la comida consumida por una persona occidental podría alimentar a una de un país subdesarrollado durante muchos días. Anteriormente, en el capítulo 6, «La acción social», estuvimos analizando lo que significa realmente una sociedad avanzada. Quizás el desenfreno y la avaricia deberían ser los signos del atraso. Tal vez la voluntad de beneficiarse a sí mismo a expensas de los demás debería ser un signo decisivo de lo que realmente es estar «atrasado».

Decir de alguien que es pobre no es del todo correcto. Sería mejor decir que lo hemos empobrecido. Este es el lado oscuro del «sueño americano». Se censura a los indigentes y se los acusa de serlo porque no trabajan lo suficiente. Sin embargo, lo cierto es que generalmente tienen menos porque los ricos se han apropiado de más. Primero se les exige un esfuerzo excesivo y luego apenas se les paga lo suficiente para cubrir los costes de la vida. Esto los deja incapacitados para pagar una educación superior que les podría permitir a ellos o a sus hijos trabajar en profesiones mejor retribuidas. Muchos no tienen ningún tipo de seguro médico, de modo que si algún miembro de su familia se enfrenta con problemas de salud, pueden tener que cargar con el fardo adicional de los gastos médicos hasta el final de sus días. De este modo, nuestro sistema social y económico confina activamente a los pobres en su pobreza. ¡Y después de eso, hay quien tiene la osadía de llamarlos atrasados y perezosos!

Es importante no olvidar esta dinámica, de modo que cuando veamos a una persona hambrienta no nos sintamos desconectados de su dolorosa situación. Si recordamos que nosotros, que tenemos una gran variedad de alimentos a nuestro alcance, estamos desempeñando un papel integral en su hambre, podremos reconocer con mayor facilidad nuestra participación en su sufrimiento y aceptar más resueltamente nuestra responsabilidad a la hora de mitigarlo.

Puedes empezar a cambiar las cosas aprendiendo a tratar tu propia abundancia como una responsabilidad consciente. Cuando tienes el plato lleno, y especialmente cuando dispones de más comida de la que realmente necesitas, eso puede llevarte a pensar que compartes el mundo con aquellos que poseen menos. Puedes recordar que los mismos sistemas que produjeron tu alimento producen también su hambre. Desarrollar este hábito fomentará que busques formas de compartir su sufrimiento y aliviar su hambre. De una forma simple, cada vez que tienes más comida de la que precisas, te harás consciente de que podrías alimentar a alguien que lo necesita. Cuando integres esto en tu interior, te sentirás movido a actuar. Este es un gran primer paso.

## Reconsiderar la carne

Cuando buscamos formas de establecer cambios a nivel personal en nuestro consumo alimentario, comer carne nos ofrece una valiosa lección y una oportunidad. Como analicé en el capítulo 7, «Protección medioambiental», nuestro actual nivel de consumo de carne tiene múltiples efectos negativos sobre el planeta. Lo mismo sucede con el hambre: si estamos pensando sobre la manera de acabar con ella, lo que nos debe interesar fundamentalmente es que mucha más gente podría alimentarse con los recursos existentes si hiciéramos un cambio significativo de la alimentación carnívora al vegetarianismo. Incluso aunque los animales sean apiñados en lugares pequeños para ganar espacio, la cantidad de tierra requerida para cultivar su alimento es mucho mayor que la necesaria para producir comida vegetariana de un valor nutritivo equivalente. Como mencioné antes, hay estudios que muestran que cuarenta áreas de cultivo podría alimentar a un carnívoro o a veinte vegetarianos. Esto nos indica que si nuestro mundo se llegase a hacer vegetariano, se podría dar de comer a una población veinte veces superior. Si nos planteamos seriamente terminar con el hambre, creo que este hecho merece que se le preste una seria atención.

Utilizar los recursos de nuestro planeta para criar animales destinados a ser sacrificados disminuye espectacularmente los recursos que podríamos utilizar de forma más eficaz para alimentar a una población mayor. ¿Es incluso sostenible a largo plazo el hecho de comer carne, si nuestro objetivo es terminar con el hambre en el mundo? Esta es una pregunta que deberíamos hacernos si estamos interesados en este asunto.

Estemos o no de acuerdo en que el consumo de carne es insostenible a largo plazo, hay que reconocer que no es nuestra opción más inteligente. Y, ciertamente, tampoco nuestra opción más compasiva.

## Si eres lo que comes...

En el capítulo 7, «Protección medioambiental», animaba a considerar el abandono de la alimentación carnívora como paso para proteger el medioambiente. Como se puede ver, hacerse vegetariano es también una forma de contribuir en gran medida a la justicia alimentaria. Algunos podrán pensar que todos estos argumentos son teóricamente convincentes, pero imposibles de llevar a la práctica. Podéis decir: «Veo el problema, pero personalmente encuentro difícil dar este paso». O tal vez hayáis tratado de abandonar la carne, pero os pareció demasiado duro mantener vuestro compromiso pasado un tiempo. En este capítulo quisiera ofreceros toda la ayuda que me es posible sobre este asunto. A este fin, tengo unas cuantas ideas que compartir con vosotros que espero os puedan resultar útiles en la decisión de reducir el consumo de carne.

Tened en cuenta los beneficios que vosotros mismos recibiréis. No solo la industria cárnica hace daño al medioambiente y a los animales, sino que los niveles «normales» de consumo de carne en nuestra sociedad dañan también el cuerpo humano. Muchas personas gastan una gran cantidad de energía tratando de estar sanos. La gente, en los Estados Unidos y en otros países desarrollados, pasa incontables horas haciendo ejercicio, yendo al gimnasio, asistiendo a clases de yoga y cosas semejantes. Sin embargo, ¿hasta qué punto es saludable comer carne? Cuando ingieres carne, estás introduciendo en tu organismo todo lo que estaba en el animal. Estás comiendo sus hormonas para el crecimiento y también antibióticos y vacunas. Estás comiendo asimismo una infinidad de pesticidas, puesto que el alimento dado a los animales criados para sacrificarlos masivamente ¡es muy poco probable que tenga un «certificado ecológico»!

Esto es, para empezar, muy poco saludable incluso antes de que consideres el impacto que supone la forma en que se mata a los animales. Sabemos mucho acerca de los efectos físicos de la adrenalina, el estrés y el miedo, y podemos imaginar el pánico en el matadero cuando los animales huelen la sangre de los que han sido sacrificados antes que ellos. Cuando comes carne, no solo ingieres las sustancias químicas de las que están atiborrados los animales, sino también el estrés emocional y físico que experimentan a lo largo de sus vidas y en el momento de la muerte. Este estrés es también parte de tu comida.

Las personas que han probado el yogur en China y en el Tíbet suelen comentan que el del Tíbet es mucho más sabroso. La diferencia es que allí las vacas pastan en libertad. Cuando los animales están relajados y felices, la leche y el yogur saben mejor. ¿A qué sabe la leche y la carne cuando procede de seres que fueron atormentados?

Algunos pueden argumentar que es necesario comer carne, con sus proteínas, para mantenerse saludables. Esto no es cierto. Los millones de vegetarianos de todo el mundo que gozan de buena salud son prueba de ello. Las proteínas abundan en las legumbres y otros alimentos que son mejores para nuestro cuerpo y para el entorno. Realmente, la cuestión es de qué fuente decidimos obtener nuestras proteínas. Creo que es importante reconocer que esta es una elección que hacemos cada vez que nos sentamos a la mesa.

### Libertad en el comer

Es verdad que nuestro entorno cultural puede afectar a nuestros hábitos de comida. Sin embargo, somos libres para tomar la decisión de cambiar. Tenemos completa libertad para ingerir carne o no. Los tibetanos viven en una meseta árida donde la ganadería y la alimentación a base de carne han sido fundamentales durante milenios. Si ellos pueden dejar de comer carne, también pueden hacerlo quienes viven en lugares donde los vegetales y otras fuentes alternativas de proteínas están fácilmente disponibles.

Si necesitas más ayuda contra las presiones que te incitan a consumir carne, puedes hacer una lista de los motivos por los que no debes comerla y luego compararla con los motivos en favor de comerla. Las razones individuales –superficiales y de miras cortas– en favor de alimentarse de carne son principalmente el hábito y el placer que proporciona. Estoy seguro de que verás que las razones para no ingerirla las superan con mucho. Las razones para ser vegetariano son realistas y sensibles, y están basadas en un pensamiento a largo plazo. Cuando reflexionamos seriamente sobre el impacto que nuestras prácticas alimentarias tienen sobre nuestro cuerpo, sobre el entorno y sobre los propios animales, está claro que la lógica apoya el hecho de abstenerse del consumo de carne.

Si decides que quieres abandonar ese hábito, potencia tu mente y asume la responsabilidad de tu cuerpo. Ejercita tu sabiduría, fortalece tu resolución y deja que tu mente se haga cargo del cuidado de tu cuerpo.

## La elección es tuya

Nadie puede obligarte a comer carne o a ser vegetariano. Tienes que pensar cuidadosamente por ti mismo, y luego actuar de acuerdo con tus propios valores y tus propias razones. Hay una historia acerca de un emperador chino que, en su deseo de apoyar el vegetarianismo, prohibió comer carne y lo hizo punible con un severo castigo. Había un hombre cuya esposa le sorprendió una vez comiendo carne y lo denunció a las autoridades. Claramente, evitar problemas legales no es la motivación justa para hacerse vegetariano. Las razones deben ser lo bastante concluyentes y convincentes para cambiar nuestras actitudes mentales, no solo nuestras acciones físicas. Únicamente un cambio de actitud puede sustentar los cambios en nuestra conducta a largo plazo.

Esta decisión no se nos puede imponer desde fuera. Vemos, por ejemplo, la realidad de lo que les sucede a los animales. Pero toda la información del mundo puede ser insuficiente si el corazón no se siente conmovido. Tenemos que tomar una decisión desde lo más profundo de nuestro corazón, de modo que simplemente no queramos ya carne, y de modo que este sentimiento sea auténtico y surja de forma espontánea.

Si prescindes de la carne durante un tiempo y luego te vuelves atrás, lo bueno es que siempre puedes intentarlo otra vez. No hay razón para que no puedas hacer un nuevo esfuerzo. No será una pérdida de tiempo intentarlo una y otra vez.

En última instancia, si quieres prescindir de la carne pero no consigues liberarte del hábito, una solución es meterte en el habitáculo en el que se encierra a los animales antes de matarlos y pasar un tiempo en él. Si te gusta el pollo, pasa un tiempo en un gallinero. Si te gusta el cerdo, pasa un tiempo en una pocilga, aunque sea solo en tu imaginación. Hazte una idea de cómo se siente. Luego, decide.

## Comer con intención consciente

Sea lo que sea lo que decidamos, comer o no comer carne es una elección, y es mejor hacerla conscientemente. Si te decantas por comerla, debes reconocer que es una opción que tú has elegido y que no es la única que se abre ante ti.

Comemos carne en el Tíbet debido principalmente al clima y a la situación de aislamiento en que se suele vivir. Pero como somos una cultura budista, sabemos que eso no es del todo correcto. Simplemente no nos sentimos con derecho a matar y consumir animales a voluntad. Tenemos remordimientos morales acerca de comer el cuerpo de otros seres sensibles y lo hacemos de forma consecuente.

Hay un dicho en tibetano que parece contradictorio: «Come carne con compasión». Esto significa que si estamos comiendo carne, lo debemos hacer con plena compasión por el animal del que nos estamos alimentando. Recitamos oraciones por él y le expresamos nuestra simpatía y gratitud. De esta forma, el Tíbet ha desarrollado una cultura de comer carne con compasión por el animal al que se sacrifica para alimentarse.

Quisiera compartir con vosotros un cuento que puede parecer impactante, pero que ofrece una poderosa imagen de lo que significa comer carne con compasión. La historia se desarrolla hace mucho tiempo en una región rica y fértil que habitualmente gozaba de magníficas cosechas. En una cierta época, sin embargo, la región se vio afectada por una severa y prolongada sequía. Había una pareja de ancianos que vivía con su hijo adulto. La familia estaba acostumbrada a comer bien, pero sabiamente empezaron a limitar su consumo. No obstante, incluso después de racionar estrictamente sus reservas, al final las provisiones se acabaron y llegó el día en que los tres se encontraron sin nada que comer.

Como se enfrentaban juntos al hambre, los padres le dijeron a su hijo:

—Si morimos, tú debes sobrevivirnos. Deberás comer nuestra carne.

—¡De ningún modo! –dijo el hijo–. Vosotros debéis sobrevivirme. Os observaré desde el más allá para asegurarme de que lo hacéis. No debéis dejar que mi carne se desperdicie.

Aquella noche, el hijo se dio muerte a fin de que sus padres pudieran vivir. Hizo esto para ofrecerles su cuerpo lleno de amor y compasión. Recordando sus palabras, sus apenados padres se obligaron a sí mismos a comer la carne de su hijo, con gran reticencia y una terrible tristeza por la pérdida. Con cada trozo experimentaban una insoportable sensación de deuda hacia su hijo y su sacrificio.

Si comes carne, esta historia te ofrece un ejemplo de la actitud que hay que tener cuando se ingiere un animal. Por favor, no te confundas sobre lo esencial de la historia. Lo importante no es justificar el suicidio; lejos de ello. Tampoco se pretende igualar el canibalismo con el hecho de comer carne. Lo fundamental, más bien, es reconocer que la carne es algo que recibimos al precio de la vida de otro ser. Aunque los animales que comemos no tengan posibilidad de ofrecer voluntariamente su vida como hizo el hijo en esta historia, perdieron lo que les era más valioso en este mundo –su vida– para que unas personas pudieran tener carne en su plato. Debemos reconocer el sacrificio de los animales cuando estamos comiendo su carne, sin devorarla irreflexivamente y, mucho menos, no desperdiciarla dejándola en el plato.

## Dos obstáculos: el deseo y el hábito

Como mencioné antes, yo solía comer mucha carne cuando estaba en el Tíbet. Era la carne seca de la región donde se encontraba mi monasterio, Tsurphy, lo que realmente me gustaba. No era el único en apreciarla. Era tan famosa que los políticos acostumbraban a venir desde Lhasa a por ella. Todavía puedo recordar el sabor de aquella carne seca de Tsurphu, que comía solo por el gusto de comerla. No era más que un hábito. Pero por seguir ciegamente este hábito como un niño, llegué a sentirme aferrado a ese sabor. Incluso ahora, aunque soy vegetariano desde hace años, hay veces en que echo de menos el sabor de aquella carne seca.

Como en mi caso, muchos de nuestros patrones alimentarios tienen su origen en meros hábitos mentales. Anhelamos lo que comimos de pequeños. Pero se trata solo de un gusto que hemos cultivado. Podemos ahora desarrollar un nuevo gusto por alimentos saludables. En otras palabras, podemos cultivar deseos más sanos.

Los textos budistas hablan de tres tipos diferentes de deseo: los positivos, los negativos y los que están mezclados. Los deseos positivos son aquellos que aspiran a lo que es beneficioso para nosotros. Los negativos son las aspiraciones de aquello que nos hace daño. Los mezclados, una combinación de ambos. Si vas a dejar que tus deseos decidan tus opciones alimentarias, es importante desarrollar deseos que sean positivos y saludables. Es posible hacerlo así, pero solo si son guiados por tu sabiduría y no por tus apegos. Debe ser la razón la que te oriente sobre lo que quieres. Cuando surgen los deseos negativos, has de reconocerlos como dañinos y dejar de correr tras ellos.

Este proceso requiere que permanezcas atento y plenamente conocedor de lo que estás haciendo. Puedes evitar caer en hábitos alimentarios dañinos de una manera muy semejante a como evitas los obstáculos cuando vas conduciendo un coche. Cuando conduces te mantienes alerta, de modo que si adviertes un peligro potencial en tu camino, diriges el coche en otra dirección. No dejes que los hábitos y los deseos no saludables te guíen. Apártate de ellos tan pronto como los veas venir. Puedes usar este esquema como un método para desacostumbrarte de los viejos patrones de alimentación y desarrollar unos gustos nuevos y más saludables.

## Cuando la comida es tóxica

Cuando miramos los productos que se nos ofrecen en las estanterías de un supermercado medio, se hace claro lo importante que es que empecemos a hacernos conscientes de nuestras decisiones, a ser guiados por la sabiduría más que por el deseo y el hábito. En las pasadas décadas, los humanos hemos aplicado nuestro ingenio a inventar nuevas formas de producir comida. Pesticidas, semillas genéticamente modificadas y nuevos métodos de procesar se combinan para hacer más fácil y más rentable la producción, sea vegetal o animal. Sin embargo, al mismo tiempo, esos alimentos parecen ser cada vez más tóxicos para el entorno y para los cuerpos a los que se supone que deben nutrir.

¿Qué podemos hacer con respecto a esto? Obviamente, no podemos dejar de comer. Cuando tenemos más información sobre cómo se produce nuestra comida y sobre lo que contiene, tal vez no queramos comprar ya nada en absoluto. Parece que el «progreso» en la producción de alimentos consiste en hacer las cosas cada vez peor. Podemos incluso soñar con volver a los días anteriores a los supermercados y la comida rápida, o cultivar nuestros propios productos. Aunque esta podría ser una tarea muy loable, simplemente no resulta práctica en la mayor parte de los casos. Incluso si podemos empezar a cultivar unos pocos vegetales, la mayor parte de nosotros seguiremos siendo básicamente consumidores y no productores de alimentos. Por consiguiente, como consumidores debemos hacer las mejores elecciones posibles entre lo que está disponible en este momento y trabajar para que haya mejores opciones para todos en el futuro.

Por ejemplo, quizá no puedas comprar solo productos biológicos. Incluso si te puedes permitir comer únicamente alimentos biológicos, es posible que no encuentres todo lo que necesitas en el lugar donde vives. O tal vez sí están a la venta pero no se cultivan en tu zona. Llevar en avión o transportar alimentos de cualquier modo desde regiones lejanas consume una gran cantidad de combustibles fósiles, y, en consecuencia, comer alimentos que no han crecido localmente tiene otros impactos adversos sobre el entorno. Por muchas razones, la opción ideal en términos de salud e impacto medioambiental puede simplemente no estar a tu alcance. Pero en la medida en que eres conocedor de lo que estás comiendo, al menos harás mejores elecciones dentro de lo que sea posible en tus circunstancias particulares. Por el contrario, si permaneces inconsciente o te niegas a considerar estos problemas, no podrás evitar causar alguna forma de daño, a tu propio cuerpo, al medioambiente o a las personas y animales explotados en el proceso de elaborar tu comida.

## Una práctica para el supermercado

Puedes trabajar conscientemente para llegar a ser un participante más iluminado en estos sistemas alimentarios.

Una práctica sencilla que puedes adoptar es pararte brevemente a la entrada del supermercado o en cualquier sitio en el que adquieras comida.

Tómate un momento para ajustar tu actitud. En lugar de los planteamientos habituales –que has ido allí para comprar–, dite a ti mismo que has ido a hacer elecciones. Ten la aspiración de que tus elecciones marquen una diferencia para los demás. Cuando entras en el supermercado, imagínate que estás transitando por el mismo camino que muchas otras personas que están intentando, de forma similar, hacer elecciones inteligentes. Luego, conserva en la mente que las elecciones que estás haciendo forman un componente integral de los sistemas alimentarios que distribuyen comida a todos los miembros de tu sociedad. Lo que veas disponible en las estanterías refleja lo que la gente ha decidido comprar. Cada compra que haces apoyará a determinadas industrias alimentarias, y les enviará una pequeña señal de aprobación y aceptación.

Mientras estás comprando, puedes pensar en la clase de productos que te gustaría que todos tuvieran a su disposición, y ponlos en el carro. Puedes pensar en esas industrias o prácticas alimentarias que te gustaría que fuesen de otra manera, y mantener esos artículos fuera del carro. Cuando haces esto, cultivas en tu corazón la esperanza de que la elección que haces hoy se unirá a las elecciones de muchos otros compradores animados por los mismos sentimientos para lograr cambios perdurables que beneficiarán también a muchos otros.

Si te acercas a comprar comida con este espíritu, naturalmente querrás tomar algunas iniciativas para hacer tus elecciones mejor informado. Hay ya muchos datos disponibles acerca de los productos comerciales de alimentación. Sería muy positivo que alguien creara un teléfono que nos ayudase a acceder a toda la información relevante acerca de las mercancías que aparecen en los estantes del supermercado. Junto con la lista de ingredientes, necesitamos conocer el lugar de procedencia, la distancia que recorrió, su impacto en nuestra salud, cómo fue cultivado, sacrificado o manufacturado –según su naturaleza– y cómo esa empresa trata a sus trabajadores. Podrías usar todos estos datos para identificar productos que causen menos sufrimiento a tu cuerpo, a los animales, a los seres humanos y al medioambiente.

Es nuestro deber informarnos no solo sobre cuestiones generales de nutrición, sino también acerca de los productos particulares que estamos consumiendo. Esto nos permitirá comprender mejor y prever las consecuencias inmediatas y a largo plazo de nuestras prácticas alimentarias. Buscar activamente y usar fuentes de información sobre lo que ingerimos nos proporciona alternativas y opciones. Podemos enviar también el claro mensaje a las grandes empresas de que sabemos lo que están haciendo y estamos dispuestos a actuar en función de ese conocimiento.

El hecho de que actualmente haya restaurantes vegetarianos en muchas ciudades, y opciones vegetarianas en restaurantes no vegetarianos, es una prueba visible de que las decisiones que tomamos como individuos con respecto a nuestra alimentación tienen la capacidad colectiva de lograr un cambio. Después de que muchas personas preguntaran por platos vegetarianos, los propietarios de los restaurantes se dieron cuenta de que les interesaba incluir esa opción en sus menús. Lo mismo sucedió con la comida biológica en los supermercados. No debemos subestimar nuestra capacidad de conseguir un cambio.

## El peligro de la salida fácil

Los sistemas alimentarios actuales han creado una gran variedad de opciones. Esto nos ofrece algunas ventajas, incluyendo la posibilidad de fuentes alternativas de proteínas. Sin embargo, mucho de lo que está actualmente disponible se vende no porque sea más nutritivo y compasivo, sino porque es más cómodo y sabroso. He señalado ya la importancia de controlar nuestros deseos de ciertos sabores. Si vamos a hacer mejores elecciones personales acerca de qué comer, debemos también ser cuidadosos para no dejarnos caer en la trampa de la facilidad y la accesibilidad.

Estamos constantemente ocupados, y vivimos pendientes del reloj como si fuéramos máquinas. Pero las máquinas no necesitan comer o tomarse un descanso. Nuestra mentalidad nos lleva a valorar la eficacia y la productividad. Esto nos ha ocasionado un gran perjuicio en lo que respecta a los sistemas alimentarios que hemos desarrollado y a nuestra actitud hacia la comida que ingerimos.

Hay una historia acerca de un consumado practicante de meditación que se extravió por querer tomar una salida fácil. Se dice que esto ocurrió en un momento en que a muchos tibetanos se les concedieron visados de inmigración para los Estados Unidos. Entre ellos había un meditador altamente experimentado. Su manejo del inglés no era mejor que el de los otros tibetanos y no tenía ninguna experiencia profesional, por lo que se consideró afortunado al encontrar un trabajo extremadamente fácil que estaba bastante bien pagado. No tenía una idea clara de lo que la empresa hacía en conjunto, pero le pareció un empleo ideal para alguien que, como él, no tenía habilidades especiales que ofrecer. Todo lo que tenía que hacer era sentarse tranquilamente delante de una máquina y apretar algunos botones.

Pasaba sus horas en el trabajo recitando sus oraciones, meditando sobre la compasión universal y apretando los botones del modo en que le habían enseñado. Un tiempo más tarde, uno de sus primos le visitó en el trabajo, interesado por ver en qué consistía su actividad. El visitante era más inquisitivo que su primo, y descubrió que la máquina en cuestión servía para sacrificar pollos. El meditador controlaba la máquina y cuando todo estaba dispuesto para matar a los animales, se producía una señal, y él apretaba entonces varios botones y manejaba algunas palancas que operaban un mecanismo que acababa con ellos fuera del alcance de su vista.

Cuando aquel hombre comprendió lo que había estado haciendo, se sintió horrorizado. Estaba tan abrumado por el remordimiento que devolvió todo lo que había cobrado. El jefe pensó que se había vuelto loco. Dejó de trabajar y parece ser que más tarde volvió a su retiro.

A menudo no conseguimos ver lo que realmente está ocurriendo a nuestro alrededor o el funcionamiento de los sistemas o instituciones de los que formamos parte. Nos adaptamos y no somos conscientes del papel que desempeñamos en ellos. Si estamos cómodos en nuestro rincón, como el meditador de nuestra historia, ni siquiera nos preguntamos por lo que el sistema en su conjunto está creando o destruyendo. Esto puede tener consecuencias devastadoras no solo para nosotros en la actualidad, sino también en el futuro, para las generaciones venideras.

No hay nada intrínsecamente negativo en el hecho de que las cosas sean fáciles o cómodas. Los problemas vienen cuando hacemos de la facilidad el criterio más importante a la hora de considerar qué y cómo comer. Cuando adoptamos una perspectiva de más vasto alcance, lo que es fácil y conveniente a menudo se convierte en una base demencial y miope para nuestras decisiones.

Debemos pensar en nuestros hijos, en las generaciones futuras. ¿Qué les estamos transmitiendo? Durante muchos siglos los seres humanos han dejado su sabiduría y su experiencia a sus descendientes. Las viejas formas y la sabiduría eran valoradas y transmitidas porque se consideraban inteligentes, sensibles y benéficas. Habían superado la prueba del tiempo.

Saber cómo cocinar es una prueba de ello. Esta habilidad se está convirtiendo rápidamente en una de las «viejas formas», algo que la gente acostumbraba a hacer antiguamente. (¡Aunque quizá no debería hablar mucho, porque yo mismo no sé cocinar!). Aprender a preparar aunque solo sea un plato insignificante es un paso sencillo pero importante que podemos dar. Cocinar puede ser una forma de reunir a la gente, de aportar calidez, proximidad y salud al hogar y a nuestra familia o nuestros amigos.

## La grandeza de los actos pequeños

Aportar sabiduría alimentaria a nuestra vida y lograr justicia alimentaria en el mundo son objetivos a largo plazo, que se deben considerar desde una perspectiva amplia. No debemos dejarnos caer en el desánimo simplemente porque los grandes objetivos no puedan conseguirse todos de inmediato. No debemos dejar de prestar atención a los actos pequeños solo porque no eliminen el hambre en el mundo de una manera perceptible.

Los pequeños actos pueden ser grandes. Nuestra propia existencia en el planeta depende de ellos. Incontables actos pequeños se han unido para hacer posible nuestra vida. Innumerables semillas han sido sembradas, e innumerables manos han alimentado en silencio a las plantas. Las semillas son diminutas y las manos pueden ser muy pequeñas, pero ambas, en comunión, producen las más vastas cosechas que alimentan a todo el planeta.

Todos dependemos de la presencia de incontables causas y condiciones para que nuestra vida sea posible. Este mismo principio de interdependencia significa que nuestra presencia es también una condición para el bienestar y la felicidad de otras personas. Nuestra vida se desarrolla en un contexto de completa y constante interconexión. Esto tiene como consecuencia que cualquiera de nuestros actos puede tener un impacto sobre los demás. La cuestión es cómo empezar a desarrollar esos sistemas alimentarios a gran escala.

Cuando hace frío en el lugar donde vivo, en el norte de la India, a menudo me abrigo poniéndome una manta sobre las rodillas. Cuando lo hago, me acuerdo de la gente de la región mucho más pobre de Bodh Gaya que no tiene nada. Hay muchas personas allí que viven en las calles, y lo único que tienen es el cuenco para mendigar comida. Cuando me coloco la manta, pienso en ellas. Formulo fervientes deseos y oraciones para que también puedan tener mantas, y tomo la firme determinación de que la próxima vez que visite Bodh Gaya les llevaré algunas. Análogamente, cuando nos sentamos a la mesa, también podemos pensar cómo compartir nuestra comida con los hambrientos de formas sencillas pero directas. Claramente una manta o una comida no eliminarán su pobreza ni terminarán con el hambre en el mundo, pero alimentan una actitud que puede lograr resultados a largo plazo.

Cuando verdaderamente te enraízas en un sentido de responsabilidad y cuidado, actúas de forma natural para aliviar el dolor que ves. En lugar de convertirte en un idealista a la espera de la posibilidad de tener un gran impacto sobre el mundo, te sientes impulsado a actuar a pequeña escala. Y a la larga, esta sensación de profunda preocupación sustentará tus movimientos mucho más allá de un simple acto.

Incluso a corto plazo, cambiar algo en la vida de una única persona es de una gran importancia. Terminar con el dolor de un individuo que está sufriendo es profundamente significativo. Si puedes cambiar algo en la vida de unas pocas personas, eso es algo fundamental. Lo más importante es ser sincero y consciente de la responsabilidad que implican los alimentos que comes.

Así pues, tienes que empezar por alguna parte. Puedes dejar de comer carne. Puedes donar un cierto porcentaje de lo que ganas a causas que lo merezcan. Edúcate a ti mismo. Conviértete en un ejemplo para tus semejantes. Abre tu corazón. Comparte y da. Sirve de inspiración a otras personas para que hagan lo mismo. Así es como empiezan los grandes proyectos.

# 9

# La resolución de los conflictos

## La ira es el problema

Todos dependemos unos de otros. Por esta razón, cuando actuamos en función de nuestro propio interés, más pronto o más tarde nuestros objetivos egoístas están destinados a chocar con los objetivos de los demás. Cuando esto sucede, surgen inevitablemente los conflictos. Por el contrario, cuando llegamos a ser más equilibrados a la hora de valorar las preocupaciones de los otros en relación con las nuestras, de forma natural nos vemos implicados cada vez en menos conflictos. Mientras tanto, es útil reconocer que los conflictos son la salida lógica de esta combinación de intereses particulares e interdependencia. Una vez reconozcamos esto, podremos ver que no son algo por lo que sentirse heridos u ofendidos. En lugar de ello, podemos afrontarlos con calma y con sabiduría.

El mismo principio de interdependencia que genera el conflicto cuando actuamos de forma egoísta puede aportarnos armonía cuando tomamos en consideración el bienestar de los demás. La interdependencia también hace posible que una tercera parte sinceramente preocupada intervenga y ayude a resolver el problema. En este capítulo me gustaría explorar vías para solucionar los conflictos en los que nos implicamos, o en los que se implican otras personas.

Hay muchas clases de conflictos, pero los peores son aquellos alimentados por la ira. El conflicto no es necesariamente dañino, pero siempre que la ira está presente, el daño de alguna forma es inevitable. Por eso, siempre que surge, la ira está perturbando, como mínimo, a la persona que la siente. Si queremos actuar para apaciguar conflictos, es importante comprender esta fuerza destructiva que preside buena parte de ellos.

## Conflictos alimentados por la ira

La ira surge de un estado mental disgustado e infeliz. Cuando hace acto de presencia, se alimenta de la infelicidad y la agitación mental. Podemos ver desde la experiencia directa –y debemos ser conscientes de ello– que alterar y molestar a los demás hace que su ira surja o se incremente. Esta es una forma terrible de tratar a otra persona.

La ira inflige un serio daño a todos aquellos que están alrededor de la persona iracunda. Toda una familia, una comunidad o una sociedad en sentido amplio pueden verse afectadas por su presencia. Los demás pueden responder a la ira de los otros con miedo, o volverse también agitados e iracundos. Niveles crecientes de hostilidad dentro de una comunidad generan estrés creciente, conflictos e incluso violencia. Por esta razón es crucial que estemos libres de agresividad y de ira cuando tratamos de poner fin a los conflictos en los que estamos implicados, lo mismo que cuando intervenimos en los de otras personas. Si aportamos nuestra propia ira al problema, no conseguiremos más que alimentarlo todavía más.

Todos podemos ver que cuando alguien se enfada, está más dispuesto a hacer daño a aquel al que va dirigida su ira. Pero es muy importante ser consciente de que la ira hace daño también a la persona que está enfadada. Así es como las cosas funcionan. Primero, creemos que alguien nos ha agraviado en algún sentido y eso nos parece completamente inaceptable. Después, una vez que ha surgido la cólera, llegamos a convencernos de que tenemos todos los motivos para estar resentidos. Queremos que la otra persona tenga lo que pensamos que merece. Nuestro humor está sombrío y nos sentimos terriblemente enfadados. Por más que este estado sea desagradable, lo alimentamos activamente, buscando más agravios que nos hayan podido hacer a fin de nutrir la ira todavía más. Nos negamos a escuchar cualquier cosa positiva acerca de la otra persona. Nos enredamos cada vez más en ideas de venganza y otros pensamientos negativos. Rápidamente alcanzamos el punto en que perdemos el apetito y difícilmente podemos dormir por la noche. Incluso antes de que nos hayamos acercado a la persona que quiere hacernos daño, ya nos hemos dañado a nosotros mismos en gran medida. Es una verdadera locura.

La ira nos perjudica, además, nublando nuestro juicio. No podemos pensar o actuar de forma eficaz si nos sentimos abrumados por ella. No queremos ver el lado positivo de la otra persona, y es con ese lado con el que necesitamos conectar urgentemente a fin de resolver la situación. Nuestra ira nos ciega y estamos más interesados en tramar la venganza que en resolver de manera amistosa el conflicto.

Hay una historia sobre una anciana del antiguo Tíbet que estaba furiosa con los gobernantes del país. Durante tres años, estuvo echando pestes y ardiendo en su corazón contra el gobierno. Pero ellos apenas sabían de su existencia; sin duda, desconocían la ira que sentía por ellos. La mujer solo se estaba causando desdicha y dolor a sí misma. Era la única perjudicada.

## Envenenarse lentamente a sí mismo

Mucho de nuestro odio es exactamente igual que el de esta anciana. El odio causa sufrimiento. Es tóxico. Cuando albergamos resentimiento e ira, estamos de hecho ingiriendo veneno. Como no lo reconocemos así, seguimos acumulando esa toxina en nuestro interior, y solo nos damos cuenta cuando los efectos del envenenamiento han llegado a ser tan obviamente dolorosos que ya no podemos negarlos durante más tiempo.

Por ejemplo, imaginemos un hombre que tiene una discusión con un miembro de su familia por la mañana. Se marcha al trabajo, pero se detiene por el camino a tomarse un café en un bar. Está tan agitado que tira el café y se lo derrama sobre el traje. Se altera todavía más. Se va, pero el tráfico va demasiado lento para él. Grita y aporrea el volante. Proyecta su frustración sobre el acelerador y solo consigue abollarle el parachoques al coche que lleva delante. Ahora se siente realmente furioso. Cuando entra en el ascensor del edificio donde se encuentra su oficina, es como un animal enjaulado dispuesto a saltar sobre cualquiera que se ponga a su alcance. Mira con el ceño fruncido a quienes suben con él en el ascensor. Cuando llega a su oficina, el jefe le dice:

—Eh, se ha retrasado usted un poco.

Este comentario casi intrascendente se convierte en la gota que colma el vaso, y le responde bruscamente a su jefe gritando:

—¿Por qué siempre se está metiendo conmigo? ¿Quién se ha creído que es?

Tira la cartera al suelo y estalla.

De este modo, una pequeña discusión por la mañana ha terminado ocasionando que este hombre pierda su trabajo. Pocos días más tarde, cuando está sentado en su casa sin empleo, puede con toda razón preguntarse cómo diablos las cosas han podido ir tan mal de una forma tan rápida.

Esto es solo una historia, pero algunos podrán reconocerse en ella. Todos pasamos por situaciones que pueden alterarnos, pero no tenemos por qué implicarnos tan plenamente en ellas. Este hombre se volcó en cada uno de los pequeños incidentes que le molestaron. No dejó nada a lo que agarrarse, y acabó completamente desequilibrado. En lugar de eso, incluso si sentimos que cualquier situación cotidiana nos está alterando, no debemos sumirnos por completo en ella. Tenemos la posibilidad de buscar un fundamento en el que asentarnos dentro de nosotros mismos. Aun cuando nos encontremos en medio de situaciones que nos disturben, hemos de mantener al margen de ellas la parte más amplia de nosotros mismos. Debemos permanecer en nuestro propio centro.

La ira, para mí, es un tipo de enfermedad que afecta a la mente, ¡una forma de enfermedad mental! Vamos al médico para realizarnos chequeos anuales, pero también deberíamos examinar nuestras afecciones mentales, sin esperar a que los síntomas se manifiesten, sin actuar como esas personas que piensan en su salud solo cuando ya han enfermado. De hecho, un problema mental puede ser algo mucho más grave que un problema físico. Este es el mejor camino para proteger nuestra salud interior y nuestra felicidad. Cuando aprendamos a controlar nuestra ira, nos daremos cuenta de que cada vez nos vemos menos implicados en conflictos, y cuando surjan, nos ocasionarán menos daño a nosotros y a los demás.

## Orientarse en función de las causas

Cuando nos miremos honradamente a nosotros mismos, sin duda habrá veces en que reconoceremos que estamos contribuyendo al conflicto. Podemos querer ser una parte de la solución, pero nos damos cuenta de que, en realidad, somos una parte del problema.

A menudo ocasionamos conflictos con otras personas y problemas para nosotros mismos porque nos centramos en los resultados más que en las causas. Queremos ser felices, pero no les prestamos atención a las causas de la felicidad. Está claro que la ira no aporta felicidad, sino dolor o angustia. No deseamos el dolor o la infelicidad, pero nos agarramos a ideas y conductas que lo provocan.

Realmente se trata de una cuestión bastante simple. Cuando utilizamos la inteligencia, podemos ver con facilidad la relación que existe entre las causas y los resultados. Puesto que dependemos de otras personas para hacer realidad nuestros objetivos, nuestra inteligencia nos dice que no podemos esperar lograrlo enfrentándonos con ellas. Pensar en los demás y preocuparnos por su bienestar es una forma mucho más inteligente y eficaz de conseguir nuestro propio bienestar que preocuparnos exclusivamente por nuestras necesidades personales. Una vez reconocemos la relación entre causa y resultado, y entre yo y los otros, podemos aprender cómo orientarnos hacia las causas que nos aportarán los resultados deseados y cómo apartarnos de aquellas que generarán resultados indeseados.

No plantes las semillas de tu propio sufrimiento. Asume las condiciones de un crecimiento más saludable. Dicho de una manera simple, si quieres evitar la infelicidad, evita sus causas. Luchar con los otros aporta infelicidad. Puedes entrar en un conflicto pensando que creará alguna medida de felicidad, pero al hacerlo solo estás plantando innumerables semillas de dolor y perturbación.

## Hablar con los que no escuchan

Pueden surgir conflictos cuando nos encontramos con personas cuyas ideas son fundamentalmente opuestas a las nuestras. Sin embargo, la diversidad de opiniones no tiene por qué conducir al conflicto. Todo depende de cómo nos relacionemos con los puntos de vista que sostenemos. Por ejemplo, algunos individuos pueden tener una actitud fundamentalista sobre sus propias opiniones y no mostrarse receptivos hacia cualquier otra que difiera de la suya. Por esta razón, puede ser más difícil razonar con unas personas que con otras.

A los naturales de la zona del Tíbet de donde yo procedo se nos llama «khampas», y los khampas tenemos la reputación de ser obcecados y de no querer escuchar las opiniones ajenas. Un dicho popular tibetano afirma: «Los khampas tienen las orejas en el culo», lo que viene a significar que para conseguir que escuchemos lo que hay que hacer no es hablarnos, sino pegar un puñetazo en la mesa. Esto se puede decir en plan de broma, pero hay una cierta verdad en ello. La cultura khampa manifiesta a menudo una cierta resistencia a abrirse a otros puntos de vista, lo que también les ocurre a otras culturas, claro está. A veces encontramos personas que parecen tan sordas a las opiniones divergentes que podemos preguntarnos dónde tienen los oídos, ¡y no solo entre los khampas!

Cuando nos encontramos con gente que nos parece arrogante u obstinada, existe la tendencia de querer romper su resistencia siendo enérgicos con ella. De manera análoga, cuando nos enfrentamos con alguien colérico, a menudo sentimos que no deberíamos ser blandos o amables, por miedo a que nos ignoren o incluso tomen nuestra amabilidad por debilidad y nos agredan. Deberíamos considerar cuidadosamente si este es el planteamiento correcto. Si añades tu propia ira a la de otra persona, solo consigues acumular más ira, por lo que se hace más difícil encontrar una salida consensuada a la situación.

Como vemos, varias fuerzas emocionales pueden hacer que los demás no escuchen los puntos de vista que difieren del propio. La obstinación es una cosa; un trastorno temporal de ira es otra. Tenemos que encontrar caminos para interactuar eficazmente con las personas que no pueden o no quieren ampliar su pensamiento para tomar en consideración las perspectivas ajenas. En tales casos, es nuestro deber encontrar una vía saludable para relacionarnos con su posición.

## NO EMPEÑARSE EN TENER RAZÓN

Si te paras a pensarlo, los seres humanos podemos parecer verdaderamente extraños. Cuando nuestros puntos de vista entran en conflicto con otros, siempre estamos seguros de que nuestra forma de ver las cosas es la correcta. No importa qué posición se esté defendiendo, ambas partes se aferran a la misma convicción incuestionada de que el error tiene que estar necesariamente en el otro lado. Realmente esto no es muy racional, ¿no os parece?

Lo mismo sucede con relación a nuestros intereses. Estamos siempre muy confiados en promocionar nuestros propios objetivos, como si lo que es mejor para nosotros debiera ser automáticamente lo mejor para todo el mundo. Cada ser humano tiene sus propios puntos de vista individuales y sus objetivos personales, pero quienquiera que seamos estamos absolutamente convencidos de que nuestros objetivos son los más importantes y nuestras opiniones las más razonables. Llegamos a estar tan completamente apresados en nuestra intensa preocupación por perseguir nuestros objetivos que ninguna otra cosa parece realmente tener sentido para nosotros. Esto es egocentrismo puro y duro.

Si otra persona se cruza en el camino de nuestros objetivos, nos plantearemos quitarla de en medio, aun cuando sea alguien próximo a nosotros que nos haya mostrado una gran amabilidad. Va contra toda razón que simplemente porque algo sea nuestro, tenga que ser mejor. E incluso si nuestros objetivos fueran realmente mejores, deberíamos preguntarnos a nosotros mismos si tenemos razón para perseguirlos a expensas de los demás.

Mi opinión acerca de esto es que cuando nos encontramos con personas airadas u obcecadas, debemos hacer acopio de una comprensión incluso mayor. Cuanto más cerrado de mente o intransigente nos parezca alguien, más motivo hay para que estemos mentalmente abiertos y seamos amables cuando interactuemos con él. Si reconocemos qué difícil y doloroso resulta convivir con la ira o la estrechez mental, sentiremos compasión por esa persona.

He hablado de la ira como una clase de desequilibrio mental. Pienso que la analogía de cómo respondemos a aquellos que no están en su sano juicio puede proporcionarnos un modelo para reaccionar con gran amabilidad a casos extremos de cerrazón. Cuando encontramos a personas que se comportan de manera abiertamente demente, reconocemos que no están en sus cabales y respondemos consecuentemente. No insistimos en que vean las cosas de otra manera. No nos ponemos coléricos cuando observamos la falta de control que poseen sobre su propia mente. Más bien mantenemos nuestra ecuanimidad y somos capaces de comprender que están sufriendo. Si parecen completamente sordas a lo que decimos, o nos gritan cuando les hablamos con tranquilidad, lo tomamos simplemente como un signo más de su pérdida de cordura, e incluso sentimos una gran compasión hacia ellas. En definitiva, nos preocupamos incluso más por su condición y somos más sensibles a ella.

Creo que actuar con el mismo espíritu de compasión nos puede ayudar a relacionarnos de manera más productiva con aquellos que, estando claramente cuerdos, no quieren o no pueden escuchar nuestro punto de vista. No debemos tomarlo como algo personal, sino mirarlos con afecto y sensibilidad.

Esta es mi sugerencia: utiliza tu comprensión. Comprender es crucial en toda comunicación humana. Cuando nos encontramos con personas que son inflexibles en sus opiniones, ese es el momento para que muestres tu mayor flexibilidad y capacidad de acomodación, y para que pongas en juego toda tu sabiduría y tu compasión para manejar la situación.

## Aferrarse a los problemas

Cuando observo nuestra conducta, realmente me da la impresión de que los seres humanos estamos deseando sufrir. A juzgar por la forma en que actuamos, no parece que estemos verdaderamente interesados en la felicidad. En lugar de ello, agarramos el sufrimiento con fuerza y nos aferramos a él. No actuamos de un modo tal que podamos lograr una verdadera felicidad. Es como si tuviéramos un exceso de felicidad, y al mismo tiempo una carencia de desgracia y sufrimiento, y necesitáramos buscar esto último. Es una verdadera locura.

En la realidad cotidiana, carecemos de una felicidad auténtica y nos aferramos en su lugar a lo que engañosamente nos parece que lo es. Si estamos enfadados y alguien dice algo amable y conciliatorio hacia nosotros, ni siquiera le prestamos atención. Parece como si quisiéramos conservar viva la dolorosa experiencia de la ira, y mantener la amabilidad y la felicidad a raya. Actuamos como si apreciásemos muchísimo el sufrimiento, de modo que de ninguna manera queremos dejar que se nos escape.

Realmente, todo es una cuestión de a qué nos agarramos. En tales casos nos estamos asiendo a una cierta autocomprensión errónea. Estamos operando sobre la suposición equivocada de que somos solo esa persona airada o perturbada. Pero no tenemos que ser necesariamente esa persona. No existe una identidad única que pueda definirnos por completo. En cualquier momento tenemos a nuestra disposición la opción de ser diferentes. Podemos ser una persona que no está airada o perturbada. Permítete ser esa otra persona. Alguien que aprecia en lo que vale la verdadera felicidad, la amabilidad y la tranquilidad.

Tú, yo y todo el mundo ha experimentado diversas formas de amabilidad por parte de los demás repetidas veces a lo largo de su vida. ¿Por qué no aferrarse a eso y atesorar esas experiencias? Examina cuidadosamente tus experiencias para reconocer todo el amor que has recibido. Analiza cuidadosamente tus propias acciones y gestos para encontrar formas de mostrar amor. Haz sitio para eso en tu corazón, y los conflictos dolorosos perderán su agudeza.

## Recibir un consejo no solicitado

No todo conflicto está basado en intereses directamente opuestos. A veces entramos en conflicto con personas que realmente tienen nuestros mismos intereses en el corazón, pero una comprensión diferente de la nuestra en cuanto a lo que es mejor para nosotros. Hay ciertas épocas de la vida y determinadas situaciones en las que somos propensos a recibir gran cantidad de consejos no solicitados. Cuando todavía somos jóvenes, estamos rodeados por muchas personas diferentes que nos dicen lo que debemos hacer: padres, tíos, abuelos, hermanos mayores, maestros, jefes... Encontramos diferencias tanto en puntos de vista personales como generacionales. Cuando estas diferencias son grandes, incluso los pequeños comentarios pueden acabar causando disputas y desarmonías.

Estas disputas presentan un patrón similar. No recibes bien el consejo de la otra persona y puedes incluso tratar de evitarla. Tal vez te resientas por el hecho de que critique tu conducta, tu estilo de vida o incluso tu personalidad. Puedes exagerar las diferencias que tienes con ella y aferrarte al sentimiento de ofensa. Incluso como adultos, a menos que seamos inmediatamente capaces de ver la sabiduría de un consejo que se nos ofrece, a menudo lo rechazamos como una intrusión o una ofensa.

Sin embargo, no te beneficia censurar a los demás por el resentimiento que albergas. Convencerte a ti mismo de que esa es la única forma en que puedes sentir o reaccionar a la situación no te ayuda en absoluto. Solo te mantiene adherido a esa desdichada estructura mental y mantiene tu visión de los demás en la oscuridad.

Me gustaría compartir algo de mi propia experiencia personal. No estoy seguro de cómo funcionaría esto en otros contextos, pero a mí me ha ayudado a superar esta clase de conflictos. Ya he mencionado que, después de abandonar mi casa para ir al monasterio, con siete años, he tenido diferentes instructores. Hay un monje más anciano que tiene tendencia a ser muy criticón y a corregirme constantemente en asuntos que yo considero completamente triviales. Esto sucede con mucha frecuencia, y los dos vivimos en habitaciones muy próximas, de modo que he tenido que concebir una forma de tratar con él. Lo que ideé fue esto: siempre que empieza a regañarme, me imagino que no me está hablando a mí, sino a otra persona. Entonces tomo mentalmente el lado del monje en la discusión contra esa tercera persona. Asiento en actitud de acuerdo con la crítica de mi instructor, e interiormente me digo a mí mismo: «¡Hay que ver, qué tipo más terrible es este karmapa! Mira lo que ha hecho ahora. ¿Puedes creerlo? ¿Cómo puede alguien ponerse una ropa tan arrugada?». Ha llegado a ser un juego en el que puedo participar cada vez que mi instructor empieza de nuevo. Es realmente divertido y llego al punto de poder disfrutar con ello. Y lo más importante, me permite conservar mis sentimientos de afecto y calidez hacia ese monje lleno de vida y energía, independientemente de lo que suceda entre nosotros. Me recuerda que, a su manera, él está haciendo todo cuanto puede por educarme.

En determinadas etapas de la vida, podemos encontrarnos también en la posición de tener que cuidar de otros de una forma que no aprecian de un modo inmediato. Por ejemplo, tenemos la responsabilidad de guiar a los niños y mantenerlos a salvo de conductas o situaciones destructivas.

Los niños son inquisitivos y curiosos. Tratan de hacer las cosas por sí mismos, de modo que puede ser muy eficaz explicarles las razones de las instrucciones y la guía que les damos. En lugar de imponer una conducta o establecer una disciplina basada en la autoridad externa, es mejor ayudarles a ver los resultados de actuar de una cierta manera. El objetivo a largo plazo es que adopten unos valores propios más que experimentar otros impuestos desde el exterior.

Cuando les hablamos a los niños, podemos tratar de poner sensatez en sus cabezas, pero tan importante como eso sería poner sensatez en sus corazones. Deberíamos tener paciencia para hablarles, para educarlos, para enseñarles a valorar sus propios principios. Nuestro objetivo debe ser infundirles formas adecuadas de pensar y sentir por sí mismos.

## Intervenir en las disputas de los demás

Aparte de todos aquellos en los que nosotros mismos podamos estar implicados, puede haber conflictos entre otros miembros de nuestra familia, nuestro círculo de amigos o una comunidad más amplia. Si realmente podemos estar seguros de que no aportaremos ira al afrontar estos problemas, podemos tratar de ayudarlos a resolverlos. Si vemos la oportunidad de ofrecer un consejo constructivo, creo que es importante hacerlo. El buen consejo va directo al corazón de un problema y señala las cuestiones subyacentes. Sabemos por nuestra propia experiencia, cuando nosotros mismos estamos inmersos en un conflicto, que puede ser duro reconocer que nuestra propia conducta o actitud posiblemente esté contribuyendo al problema. A veces es otra persona la que está llamada a identificar nuestras faltas y revelárnoslas.

Ahora bien, hacer esto de forma constructiva por los demás requiere no solo un sincero deseo de beneficiar a los implicados, sino también una considerable destreza. Aunque vayamos con nobles aspiraciones, tenemos que dotar a esas aspiraciones de sabiduría y discernimiento. Para ello, debemos tener en cuenta las circunstancias y el momento. La persona implicada ha de estar en disposición de querer oír lo que tenemos que decir y tener la voluntad de cambiar.

Cuando la gente quiere cambiar, hablarle de sus defectos puede ser extremadamente beneficioso. Pero si se cierra en banda, por nobles que sean nuestras intenciones al decirle lo que vemos, es posible que solo consigamos enfurecerla.

Cuando llega el momento de intervenir en los conflictos ajenos, basarnos en nuestras buenas intenciones, sin una cierta sabiduría de por medio, puede ser peligroso. Si no tenemos cuidado, un sentido demasiado estricto de justicia puede inmiscuirse sin que lo percibamos. Podemos creer que nuestras buenas intenciones nos capacitan para dar un consejo o intervenir, lo avalen o no las circunstancias.

## Conflictos globales, soluciones globales

Hasta ahora he estado hablando fundamentalmente de conflictos interpersonales. Mucho de lo que he advertido en ellos puede también observarse en los que surgen en una comunidad o a escala internacional. Los conflictos no solo aparecen entre los individuos, sino también entre grupos, incluidas naciones enteras, y a veces ocurren por razones similares y siguen patrones análogos. Por esta razón, cuando países más grandes y poderosos intervienen para ofrecer su orientación a otros, es posible recurrir a muchos de los principios que se aplican para resolver conflictos interpersonales. Una motivación sincera es absolutamente clave; además, la intervención debe hacerse con habilidad.

En este pequeño mundo en que vivimos, las naciones coexisten de forma interdependiente. Las acciones de un país afectan profundamente a los demás. Aquellos con más poder tienen mayor capacidad para influir en los menos influyentes. Creo que este poder implica una gran responsabilidad, que incluye no ejercerlo con vistas a intereses particulares de la nación que interviene.

Cuando tienen lugar conflictos globales, los Estados Unidos de América, país miembro permanente del Consejo de Seguridad de las Naciones Unidas, tienen la reputación de ser el policía del mundo. Naturalmente, asumir esta posición es una responsabilidad moral. Aunque no puedo pretender ser plenamente conocedor de lo que realmente sucede en el fondo, me parece que la opinión del mundo sobre los Estados Unidos es decididamente variada.

Yo mismo tengo cálidos sentimientos hacia los estadounidenses. He tenido dos oportunidades de viajar al extranjero desde que llegué a la India, y en ambas ocasiones he estado allí. Mi predecesor, Su Santidad el Decimosexto Karmapa, también visitó el continente americano en numerosas ocasiones y murió en Chicago, lo que los tibetanos interpretan como signo de una especial relación con el pueblo de ese país. Personalmente, siento una estrecha relación con los Estados Unidos. Sin embargo, tengo la impresión de que este país es tan famoso por el bien que hace como por el mal. Existe la idea de que aunque lleva a cabo muchas acciones útiles, también demuestra una clara tendencia a interferir en los asuntos internos de otras naciones. Pienso que puede haber una cierta verdad en la percepción ampliamente difundida de que los negocios y el comercio dictan lo que el gobierno estadounidense piensa que son los intereses globales.

Creo firmemente que los países poderosos tienen la responsabilidad de utilizar su posición y sus recursos en beneficio de los demás. Intervenir para mediar en los conflictos ajenos, no obstante, solo debe hacerse con la mirada puesta en el beneficio de las partes implicadas, nunca con la intención de favorecer los intereses propios. Desde fuera, parece a menudo como si las grandes potencias mundiales intervinieran fundamentalmente para proteger sus propios intereses, ya sean comerciales o de otro tipo.

No todas las grandes potencias conceden a sus ciudadanos una voz real en las decisiones políticas. Pero cuando la posibilidad de intervenir es debatida públicamente, los ciudadanos de democracias poderosas tienen la responsabilidad de asumir un papel activo a la hora de analizar las razones de las políticas que se llevan a cabo en su nombre. No sería inteligente aceptar la información presentada en informes públicos y las decisiones tomadas por los líderes políticos de manera acrítica. Hay que buscar muy cuidadosamente las motivaciones últimas.

Esta orientación se aplica tanto cuando un país interviene para resolver los conflictos de otros como cuando se trata de un individuo: hay que ser muy honrado con uno mismo sobre la motivación. Es preciso estar seguro de que se observa la situación de manera imparcial, y no basándose en una visión unilateral. Antes de aprobar las acciones propuestas, debes tener la seguridad de que son lo más conveniente no solo para tu país sino para el mundo en su conjunto. Para ser un ciudadano consciente y responsable, es importante que pienses por ti mismo y tengas en cuenta la paz, la estabilidad y el bienestar universal. Utiliza tu discernimiento y toma una posición que sea beneficiosa para el mundo entero, no solo para una parte de él.

Incluso cuando estamos seguros de que la motivación de contribuir positivamente al bienestar mundial es sincera, tenemos que analizar también los medios utilizados para perseguir ese objetivo. Por ejemplo, en nombre de la pretensión de llevar la libertad a otras naciones, se fabrican armas y se emprenden guerras. Cuando poderosos países expanden sus arsenales y se embarcan en un conflicto bélico, ponen en peligro su propia paz y estabilidad, y también la del resto del planeta.

También aquí, una motivación pura tiene que ser aplicada con sabiduría. Estoy firmemente convencido de que la guerra y la violencia no son medios eficaces de lograr la paz o la prosperidad, la estabilidad o la libertad, y la propia historia demostrará que resulta ineficaz y contraproducente a largo plazo.

He conocido a muchas personas de países poderosos que se sienten profundamente insatisfechas de cómo sus líderes manejan su poder en la esfera internacional. Esto parece especialmente común cuando han fracasado en sus esfuerzos por intentar que quienes toman las decisiones adopten una actitud más correcta y compasiva. Algunas de estas personas dirigen su ira contra su propio gobierno; en otros casos, lo hacen contra el de otros países.

Si estás colérico con la actitud de cualquier gobierno, recuerda por favor lo dañina que es la ira para ti y para los demás, y mantén una resolución firme. Haz un inquebrantable compromiso contigo mismo de no permitir que tu mente se altere. Permanece sereno, sosegado y en un estado mental pacífico.

## Enfrentar cualquier desafío

Hay una frase budista que puede ayudar a fortalecer nuestra determinación para mantener el equilibrio en cualquier situación difícil. Dice: «Si puedes hacer algo para cambiar las circunstancias, ¿por qué preocuparte? Y si no puedes hacer nada para cambiar las circunstancias, ¿por qué preocuparte?».

Este dicho es válido para todas las situaciones de la vida. Si puedes hacer algo para mejorar las cosas, estupendo. No hay entonces razón para estar angustiado. Por otra parte, no tiene sentido preocuparte por algo que no está en tu mano cambiar. Este consejo se aplica cuando buscas la forma de influir sobre la manera en que tu gobierno interviene en los conflictos de los otros, cuando estás intentando resolver conflictos de otras personas o cuando tú mismo tienes problemas con los demás.

La mayor parte de las situaciones pueden cambiarse, pero algunas no. En cualquiera de los casos, no hay motivo para estar agitado o sentirse infeliz. Si realmente piensas en ello, cuando te permites a ti mismo estar alterado o insatisfecho no puedes decir realmente que sea alguien o algo lo que te está alterando. Eres tú quien causa tu propia infelicidad. ¿Por qué te empeñas en colocarte en una posición insostenible? En situaciones en las que el cambio es posible, trabajas para cambiar. En las que no es posible, aceptas el hecho y te afanas dentro de esos límites.

En resumen, no hay motivo para estar alterado o disgustado. De ese modo, solo te haces daño a ti mismo: no resuelves la situación ni beneficias a nadie. Únicamente consigues que te sea más difícil acceder a recursos saludables que están en tu propia mente. Te niegas a ti mismo el acceso a tu noble corazón.

## Comenzar con nosotros mismos

Por todas estas razones, cuando trabajamos para resolver conflictos, creo que el lugar preferible para empezar es nuestra persona. El mejor consejo que podemos dar es el que nos damos a nosotros mismos, no a otros. En la enseñanza budista se dice que cada uno es su propio protector o «salvador». Esto nos recuerda que, en última instancia, cada cual tiene que orientar sus propias acciones y comprender por sí mismo cuál es el camino más adecuado.

Si nos sentimos inclinados a dar consejos a los otros más que a nosotros mismos, podemos desarrollar una tendencia a centrarnos en los defectos de los demás mientras permanecemos ciegos a los nuestros. Podemos incluso empezar a ocultarnos nuestros defectos a nosotros mismos y a los demás. En tal caso, no advertiremos en qué necesitamos mejorar hasta que aparezca alguien que nos obligue a mirar nuestros defectos. ¡Pero esperar que los otros nos critiquen no es una estrategia recomendable para determinar dónde radican nuestros problemas! Cuando nos percatamos de un problema y podemos ver por nosotros mismos que viene de nuestro interior, más impulsados nos sentimos a tratar de resolverlo.

Eso también nos ayuda a reconocer que muchos conflictos no se resolverán en un simple encuentro. Incluso algunos pueden no solucionarse durante mucho tiempo. Sin embargo, tengas éxito o no a la hora de resolver un conflicto que observas o en el que tú mismo estás implicado, siempre tienes opciones. Suceda lo que suceda, siempre puedes actuar sobre ti mismo. A fin de no llegar a sentirte abrumado o alterado mientras un conflicto se está desarrollando, puedes cultivar tus propias cualidades interiores y permanecer fiel a tus propias aspiraciones puras. De esa manera, al final siempre podrás elevar el ánimo al saber que en el mundo hay una persona dañina menos.

## Confianza

Una vez se haya resuelto el conflicto, lo que hay que hacer es reconstruir la confianza. Incluso después de que los conflictos hayan terminado, a menudo nos resulta difícil restablecer unas relaciones ágiles y abiertas con la parte opuesta. Nos podemos sentir heridos por la experiencia y nuestra confianza puede estar dañada. Resolver los conflictos a cualquier escala –personal, comunitaria o global– no es suficiente. Necesitamos también cultivar una base de confianza para facilitar la curación a largo plazo de las relaciones entre las dos partes.

En mi vida he tenido experiencias diversas cuando he depositado mi confianza en los demás. En varias ocasiones, el tipo de reacción o conducta que apareció no fue el que cabía esperar, y esto me ha llevado a pensar mucho en lo que la confianza significa para mí. Lo que he llegado a sentir es que, en primer lugar, no quiero que mi confianza en otras personas esté en función de su coincidencia con mis expectativas. En cuanto a mí, no deseo confiar para llegar a un trato o intercambio, a la manera de dos partes que sellan un contrato: «Tú pones tu confianza en mí, y así yo pondré mi confianza en ti. Tú te comportas de este modo, y yo continuaré confiando en ti». En lugar de eso, mi confianza es un don que quiero ofrecer libremente. Comprendo que, en general, debe manifestarse en ambas direcciones, pero lo que yo pretendo es que mi confianza esté basada en mis propios sentimientos de afecto hacia el otro, no en su conducta. Me preocupo por alguien, y hay un sentimiento de afecto; por consiguiente, opto por confiar en esa persona.

Naturalmente, esta no es una interpretación de la confianza fácil de adoptar. Implica una redefinición de lo que la confianza significa. Esta nueva definición puede surgir cuando nos centramos en el amor y los sentimientos que albergamos hacia la otra persona, más que en la manera en que actúa o no actúa con nosotros. Dejamos de poner nuestra atención en lo que esperamos y la ponemos en lo que damos.

Es verdad que a veces otros individuos se comportan de formas que nos hacen daño. Pero incluso si nos sentimos alterados, nuestra confianza puede permanecer firme si está anclada en el amor y si fue ofrecida sin condiciones. En el capítulo 3, «Relaciones saludables», hablé de aprender a amar sin ninguna razón particular. Cuando nuestro amor por otras personas no está en función de lo que ofrecen o hacen, nunca pueden darnos un motivo para dejar de amarlas. Cuando confiamos en la bondad fundamental de nuestro semejante y en su dignidad como ser humano, esa confianza estará lo bastante profundamente enraizada para soportar cualquier tormenta.

Por el contrario, si la confianza depende de condiciones fluctuantes, es muy difícil de sostener. Con un pequeño desencuentro, su base se estremece y desestabiliza. Así pues, creo que debemos ser cuidadosos y no acumular demasiadas expectativas y demandas sobre los demás. Incluso si ya no tenemos una buena relación con alguien, tenemos que ver que esa otra persona, en quien el amor nos hacía confiar, sigue queriendo ser feliz. El mero hecho de que nos haya decepcionado no significa que deseemos que sufra. Incluso si la confianza está rota, podemos conservar nuestra atención centrada en nuestro deseo de su felicidad más que en lo que esperábamos conseguir de ella. Esto les da a nuestras relaciones a largo plazo un fundamento bastante firme para soportar los conflictos.

Nuestra confianza y nuestras aspiraciones por el bienestar de la otra persona pueden permanecer, independientemente de lo que esté ocurriendo entre nosotros en un momento dado. En cualquier caso, las relaciones evolucionan mucho en el curso de la vida y se dan continuas transformaciones a lo largo del camino. Así es como yo lo veo. Para mí, mi confianza es un don permanente. Una vez que la he ofrecido, es para siempre.

Pienso que el cambio de dejar de valorar lo que obtenemos para pasar a valorar lo que damos puede servirnos en muchos aspectos de nuestras relaciones. Puede ciertamente ayudarnos cuando entramos en conflicto con otros o cuando estamos tratando de ayudar a resolver los conflictos de terceras personas. Tal vez nos resulte difícil llevarlo a la práctica de forma completa, pero incluso pequeños pasos tendentes a incrementar la prioridad que le damos al bienestar de los demás puede apartarnos de los conflictos. Sin duda alguna, cuidar de la felicidad de aquellos de quienes dependemos para nuestra propia felicidad puede ser una de las herramientas más poderosas que podemos manejar para resolverlos. En un mundo de interdependencia, es también una de las herramientas más sabias que podemos aplicar.

# 10

# Caminos espirituales

## Integrar vida y espiritualidad

En este libro he perfilado lo que podría denominarse una clase de espiritualidad humanista. Naturalmente, lo he ido deduciendo de lo que he aprendido de las enseñanzas budistas. Sin embargo, todo lo que he afirmado es una consecuencia lógica de la interdependencia que nos vincula con los demás seres humanos y con el planeta. Puedes, por tanto, llegar a estas conclusiones por ti mismo, porque están basadas en observaciones y experiencias que cualquiera puede tener, independientemente de su credo. Cuando la verdad es universal, no puede pertenecer a una única religión, ni tampoco a un único punto de vista secular.

Estoy sugiriendo vías para mirar al mundo y vivir la vida que no requieren ninguna afiliación religiosa particular. Lo hago así con la esperanza de que este libro pueda servir a cualquiera que aspire a llevar una vida más plena, más compasiva y con más sentido. Sin embargo, hay también personas que anhelan comprometerse más profundamente con un camino espiritual determinado. Este capítulo va dirigido a esas personas.

En mi caso, yo nací en una familia budista muy espiritual. Digo «espiritual», más que «religiosa», porque éramos altamente respetuosos con algo más allá del mundo material que percibíamos directamente, y sin embargo sabíamos muy poco de ideologías o principios religiosos. No éramos completamente ignorantes, pero las ideas que sosteníamos y los principios que seguíamos eran muy escasos y simples. Así es como me educaron de pequeño.

Luego, un buen día, cuando andaba por los siete años, un grupo de monjes del que más tarde sería mi monasterio llegó a nuestro valle y le dijo a mi familia que yo era el Karmapa. Este acontecimiento determinó que yo fuera budista. ¿Qué podía hacer? A mí no se me planteaba qué religión adoptar. Estaba simplemente marcado como budista. Si se te dijera repentinamente que eres el Karmapa, ¡también tú tendrías que aceptar que ibas a ser budista!

Aunque no pasé por un proceso de exploración de distintas alternativas y selección de un camino espiritual que seguir, tú tienes esa oportunidad, si quieres aceptarla. Antes, se daba por supuesto que las personas debían adoptar la religión que sus padres observaban. Este es todavía el caso de las culturas tradicionales. Pero en gran parte del mundo moderno la identidad religiosa es un asunto de elección individual, hecha a menudo tras un proceso de indagación consciente de diferentes opciones. Seleccionar unas creencias o un camino espiritual es una decisión fundamental en la vida. Algunos pueden terminar rechazando por completo la religión y la espiritualidad; otros, permanecer en el seno de la religión en la que nacieron, pero con renovada confianza en su valor personal para uno mismo, y otros, por último, encontrar un camino espiritual diferente que se adapte mejor a su corazón y a su mente.

Hoy, no son pocas las personas que, a pesar de haber nacido en familias y culturas ajenas, están mostrando interés por las enseñanzas del budismo. Interpreto esto como un signo del espíritu de nuestro tiempo, con su aguda conciencia de que hay muchos caminos para explicar el significado de la vida y nuestro lugar en el mundo.

## Ciencia y religión

La historia nos dice que el hombre ha practicado la religión durante miles de años, quizá desde el comienzo mismo de las primeras sociedades humanas. Evidentemente, cultivar la vida del espíritu responde a una necesidad humana fundamental. De otro modo, las tradiciones religiosas no habrían formado parte de nuestras diferentes culturas a lo largo de la historia. Actualmente, sin embargo, y aun cuando muchas personas continúen encontrándole sentido a una vida espiritual o religiosa, son muchos los que creen que este ya no es un asunto relevante. Es, aseguran, una reliquia que pertenece al pasado.

Algunos piensan que la ciencia debería tomar el lugar de la religión en el mundo moderno, pero muchos otros, incluidos grandes científicos, no están de acuerdo con eso. Albert Einstein dijo en una ocasión: «La ciencia sin religión está coja; la religión sin ciencia, ciega». Necesitamos la ciencia, pero necesitamos también la religión. Los avances científicos traen serias consecuencias. A causa de la ciencia tenemos ahora terribles armas nucleares. Además, el progreso ha aumentado las distancias entre ricos y pobres hasta un punto que parece casi insalvable. Sin un pensamiento consciente y una dirección sincera, la tecnología y la ciencia pueden ocasionar potencialmente tanto mal como bien, y posiblemente más mal que bien.

La ciencia puede entenderse como nuestros miembros –como nuestras manos y pies–, mientras que la espiritualidad puede desempeñar el papel de los ojos. Nuestras manos y pies, por sí solos, no pueden decirnos qué dirección debemos tomar. De hecho, avanzar rápidamente puede ser peligroso si no vemos qué es lo que hay por delante. Es necesario que podamos prever las consecuencias de los descubrimientos científicos. No podemos pensar en la ciencia solo como progreso. Tenemos que preguntarnos: «¿Hacia dónde progresar?».

## Conocimiento exterior, sabiduría interior

El progreso en la investigación tecnológica y científica ha estado limitado en gran medida al dominio de la materia física. El conocimiento que nuestra generación ha obtenido de esta investigación se mantiene en un nivel exterior, como si todo lo que necesitáramos saber acerca de la vida existiera fuera de nosotros. Como resultado, hemos desarrollado una fuerte tendencia hacia el exterior. En el proceso de realización de todos estos descubrimientos, hemos fracasado a la hora de volvernos hacia dentro a fin de desarrollar la sabiduría y la autoconciencia. No preguntamos: «¿quién está haciendo el descubrimiento?», «¿quién está obteniendo el conocimiento y con qué propósito?», «¿qué clase de mundo queremos crear y qué lugar significativo contemplamos para nosotros mismos en ese mundo?». Estas son las preguntas a las que las religiones pretenden responder.

Esto no significa que debamos dejar de investigar los procesos del mundo que nos rodea. Simplemente, necesitamos volver esa misma mirada escrutadora hacia el interior. Si lo hacemos, podremos llegar a conocernos verdaderamente a nosotros mismos, unificando el corazón y la mente. Llegar a conocer mejor la naturaleza de nuestra mente implica esfuerzo y compromiso. Cuando se nos deja hacer lo que nos apetece, tendemos a permanecer muy distraídos. Nuestra mente está tan llena de confusión que no conseguimos tener una visión clara de su naturaleza. Por tanto, hemos de hacer sitio voluntariamente para mirarnos a nosotros mismos. A veces será necesario distanciarnos del ajetreo de nuestra vida y de aquello que generalmente utilizamos para llenar esa vida. Dada nuestra habitual orientación al exterior, acostumbrarse a sentarnos tranquilamente con nosotros mismos puede exigir algo de esfuerzo.

Como es natural, es muy importante ver realmente a los otros seres humanos. Pero para ello resulta imprescindible a veces verse y conocerse primero a sí mismo. Cada una de las tradiciones religiosas del mundo ofrece ideas del posible sentido de la vida y métodos para lograrlo. Explorar diferentes caminos y adoptar uno como filosofía o tradición religiosa es solo un comienzo, ya que únicamente te proporciona una especie de introducción a las cuestiones importantes. Por ejemplo, la filosofía, la epistemología y la metafísica de las tradiciones budistas son vastas y ricas. El estudio de una filosofía o religión puede ser fascinante. Pero encontrarlo interesante no es suficiente. Necesitas buscar activamente y encontrar verdades por ti mismo.

Hay una historia acerca de un superordenador al que se le pidió que calculara el sentido de la vida. Tardó muchos años en procesar esta compleja cuestión, pero al final proporcionó una respuesta. Determinó que el sentido de la vida era... el número 42. Esto es realmente cómico. Nadie puede plantear por nosotros las cuestiones supremas de la vida, y menos una máquina.

Nosotros mismos debemos comprometernos personalmente en el proceso de descubrir el significado de nuestra propia vida. Esta no puede ser manejada en lugar de nosotros ni por una máquina ni por otra persona. Sin nuestro compromiso directo, la religión por sí sola tampoco puede resolver las grandes cuestiones de la vida por nosotros. Por eso las propias experiencias tienen un lugar tan importante en nuestro camino espiritual. Creo que un camino espiritual es más eficaz cuando en ese camino llevamos con nosotros todas nuestras experiencias.

Para un observador exterior puedo parecer extremadamente religioso. Dado que pasé mi infancia primero en una sociedad tradicional y luego en un monasterio, recibiendo enseñanza religiosa intensiva, algunos pueden pensar que mis creencias me fueron impuestas. Pero no es en absoluto así como yo lo he experimentado. Pasé por un intenso aprendizaje en varios aspectos de la filosofía budista; sin embargo, mi sentimiento hacia la religión apareció más tarde y se desarrolló a partir de mis propias experiencias. Esto funcionó muy bien en mi caso, pero para la mayor parte de las personas no creo que el hecho de decirles cómo son las cosas antes de tener una experiencia de ellas por sí mismas sea lo más eficaz. Más bien, debemos fundamentar nuestra visión religiosa en nuestras propias experiencias.

¿Cómo podemos hacer esto? Cuando estamos explorando una religión o un camino espiritual particular, podemos preguntarnos qué es lo que nos enseña acerca de lo que somos. Nuestro camino espiritual debe ayudarnos a pensar profundamente sobre nuestra vida y a aprender cómo ser felices. Podemos preguntarnos de qué modo esas enseñanzas nos ayudan a comprender las experiencias que hemos tenido hasta ese momento. Incluso después de haber seleccionado un camino particular, podemos continuar contrastando cualquier cosa que surja en nuestra vida con las enseñanzas religiosas. Cuando, de este modo, la espiritualidad está profundamente anclada en la experiencia vital, puede llegar a ser una fuerza dinámica fundamental.

## Descubrimiento auténtico

Si se me preguntara: «¿Cuál es tu religión?», parecería muy extraño que no respondiera: «Soy budista». Para no complicar las cosas, es lo más fácil de decir. Después de todo, la gente me ve como un líder budista. Sin embargo, no es así como me veo a mí mismo. Más bien me veo como un seguidor del Buda. Aspiro a seguir sus pasos. Agarrarse a la etiqueta de budista y esgrimirla como una bandera es otra cosa completamente distinta.

Cuando digo que quiero seguir los pasos del Buda, el punto clave para mí es que él utilizó su inteligencia para descubrir el significado de la vida dentro de sí mismo. No lo halló en los textos escritos por otras personas ni en ningún conjunto estructurado de normas. Lo encontró dentro de sí mismo, dentro de su propio y noble corazón. Todos tenemos el potencial de hacer lo mismo.

El descubrimiento de quién eres no puede ser extraído de los textos o los rituales. Incluso en el caso de palabras que has leído u oído de otros, tienes que descubrir la verdad de su significado por ti mismo. Debes descubrir cada pieza por experiencia propia y además reunir esas piezas, porque no encontrarás lo que buscas solo aceptando algo que ya han reunido otros en tu lugar.

Hay un gran poder transformador en el acto de descubrir. Ningún fundador de una religión ha sido un seguidor. El Buda llegó a ser el Buda porque descubrió verdades importantes por sí mismo. Muchas personas notables, siguiendo su tradición, también llegaron a esta comprensión por su propia experiencia. Lo mismo puede aplicarse a los fundadores y notables seguidores de las otras grandes religiones. Cada uno aportó nuevas ideas e intuiciones. Todo el mundo es capaz de eso; solo se precisan las condiciones necesarias. Unirse a una religión o estudiar su sabiduría puede ser una de esas condiciones. Pero yo he estudiado la filosofía budista durante más de una década, y puedo deciros que tal estudio no es suficiente para encontrar el verdadero sentido de la vida. Solo si vuestra comprensión está profundamente enraizada en vuestro interior, seréis capaces de despertar espiritualmente. Solo uno mismo puede comprender su vida y encontrar su más profundo significado.

El momento histórico siempre configura la manera en que las enseñanzas espirituales se presentan. Seguir algo enseñado en el pasado a personas que vivían en circunstancias sociales e históricas diferentes nunca puede ser lo mismo que vivirlo espiritualmente aquí y ahora. Lo cierto es que, en el ámbito de los asuntos espirituales, cada uno debe llegar a la comprensión por sí mismo. Esto es, debes comprometerte personal y activamente en tu camino espiritual, con independencia de cuál sea ese camino. No hay realmente otra forma.

Quiero dejar claro que buscar tu propia comprensión no significa rechazar todos los caminos espirituales establecidos. Muchas personas sienten que las religiones organizadas son problemáticas, o incluso desesperadamente imperfectas. Pueden incluso pensar que es posible crear una mejor eligiendo y reuniendo las partes que les gustan de diferentes religiones. No creo que esto sea realista. Simplemente no funciona como algunos imaginan. En lugar de algo holístico que nos transforme, solo se generaría una mezcolanza que nos complacería. Esto podría dar lugar a una cierta forma de consumismo espiritual.

Peor aún, podría ser peligroso. Las partes que piensas que serían beneficiosas para ti tal vez resultarían ineficaces o incluso dañinas si las aplicases fuera de contexto. Cuando extraes prácticas de un camino gradual de transformación, pueden no tener el mismo efecto fuera de su ámbito original. Nuestro camino espiritual tiene que desplegarse orgánicamente, y debemos ser receptivos para ir a donde nos conduce, paso a paso.

## El maestro espiritual como amigo

El proceso de ir apartando los obstáculos al autoconocimiento no es fortuito. Si no cumplimos las condiciones precisas, el despertar espiritual no sucederá simplemente por azar. Tenemos ya la condición principal: nuestro noble corazón. Pero necesitamos reunir activamente el resto de las causas y condiciones. Las enseñanzas espirituales son cruciales. Pueden proceder de un maestro espiritual, de personas con una gran experiencia acumulada o de libros. El mundo natural, en el despliegue de sus elementos, también puede ofrecernos enseñanzas. Incluso el sonido de una corriente de agua podría aportar una enseñanza. Ese sonido tal vez evoque la verdad de un cambio constante. La tersura de las piedras en el lecho del río puede inspirarnos con la enseñanza de que el esfuerzo gradual y permanente puede dar forma incluso a las estructuras de mayor dureza.

Cuando buscamos un maestro espiritual, el punto de partida, en mi opinión, es que ha de ser una persona buena. Debes considerar no solo si es una persona educada e informada, sino también si es auténticamente bondadoso y siente un afecto real por ti. Esto es difícil de determinar desde fuera; un maestro no se te acerca con un cartel que dice: «Soy una persona bondadosa».

La gente tiene diferentes personalidades. Más que buscar maestros con una personalidad particular, debes examinar si son o no amables y si tienen o no un impacto positivo sobre los demás. Los maestros pueden ser solitarios o reservados, así que tendrás que usar tu propia capacidad de juicio para determinar si te tiene afecto o te inspira de una manera positiva.

¿Durante cuánto tiempo debes examinar a un posible maestro? No es fácil responder a eso. No es como si se hicieran cargo inmediatamente de todas tus necesidades espirituales o emocionales. La conexión tiene que desarrollarse con el tiempo.

Mi propio sentimiento personal es que hay dos consideraciones que hacer al elegir un maestro espiritual. Una es este proceso inicial de examen. La otra es la confianza. La relación entre maestro y discípulo es algo que debes cultivar. No es algo que descubras ya plenamente desarrollado. Tienes que dejar que el maestro llegue a conocerte, incluyendo tus fallos. Al mismo tiempo, aumentará tu confianza en que seguirá haciéndose cargo de ti como discípulo. Es importante que te sientas capaz de confiar en él, y tú mismo debes ser también digno de confianza. En una relación entre maestro espiritual y discípulo, es imprescindible que la confianza sea mutua.

## El lugar de la comunidad

También la comunidad puede desempeñar un papel importante en tu vida espiritual. Esto no significa que debas emprender una búsqueda de una comunidad espiritual a la que unirte. En lugar de eso, puedes acercarte a ella con el simple pensamiento de que sería positivo tener un amigo. Sería incluso mejor tener un amigo que compartiera tus intereses espirituales. Y tener unos cuantos amigos de esa clase sería ya estupendo.

Lo puedo decir de otro modo: necesitamos buenos amigos en la vida, personas que nos alienten y nos inspiren y a las que alentemos e inspiremos. Necesitamos amigos dignos de confianza. Es difícil generar confianza en este mundo. Y sin embargo, como he dicho en el capítulo 9, «La resolución de los conflictos», la confianza es extremadamente importante para el sustento de nuestro ser. Yo mismo he tenido un trayecto difícil en la vida. Me vi en la necesidad de dejarlo todo atrás y afrontar múltiples obstáculos. Sin embargo, todavía tengo confianza. Siento que confiar en los demás es esencial para mi sustento espiritual.

Somos seres sociales. Dependemos unos de otros. Es importante tener buenos amigos que nos den apoyo moral y que nos hagan mostrar las buenas cualidades que llevamos en nuestro interior. Esto es mucho más importante que compartir una etiqueta o unirse a una organización, y puede aplicarse tanto en las relaciones de amistad como en las relaciones maestro-discípulo. Tu maestro espiritual tiene que ser un buen amigo.

## Hazlo sencillo

Una vez que te has comprometido con un camino particular, sugiero que busques la forma más simple de seguir adelante. Debes hacer que todo sea fácil, en lugar de complicarlo más.

Hazlo sencillo. La vida del espíritu es realmente muy elemental, aunque a menudo no lo apreciemos. En un principio el camino espiritual puede sorprendernos como algo muy simple y perfectamente claro. Pero más tarde, después de haber estado practicando unos pocos años, nos encontramos a veces yendo hacia atrás y apartándonos de esa sencillez inicial. Las rupturas espirituales que experimentamos pueden consistir simplemente en redescubrir lo que hemos visto al principio.

El descubrimiento espiritual no consiste en encontrar la sabiduría en alguna parte ahí fuera. Consiste en descubrir lo que ya existe dentro de nosotros. Es como limpiar la superficie de una inscripción en piedra: cuanto más limpias, más clara aparece la inscripción originalmente grabada. Nosotros somos como esa piedra. Con la práctica espiritual, en lugar de obtener algo que no tuviéramos antes, vamos haciéndonos gradualmente más conscientes de nosotros mismos.

## Avanza y duda

Quienes están adoptando en un momento dado un determinado camino espiritual tienen tendencia a tomarse ese camino demasiado en serio, por así decirlo. Con ello se exponen a un peligro real de incurrir en un cierto fariseísmo y de instalarse en él. Sugiero ir despacio. Déjate libertad para descubrir. Encuentra el equilibrio entre sumergirte completamente en ese camino y mantener a la vista una perspectiva amplia. Para ello, debemos prevenirnos contra todo dogmatismo. Pienso que dudar es muy positivo. Cuando tienes dudas, te cuestionas y te haces preguntas. Te interesas por lo que otros tengan que decir. Asegúrate de hacer preguntas y estudiar para clarificar todo lo que no tengas claro. Esto exige que te mantengas en una actitud de apertura mental. ¡Avanza y duda!

Los textos budistas hablan de dos clases de duda: una es útil para el crecimiento espiritual; la otra, no. La segunda es una clase de duda carente de seriedad; la otra es más inquisitiva. En el caso de la duda carente de seriedad, tú has decidido ya por ti mismo que algo está mal y es falso aunque todavía permitas que los otros presenten sus argumentos.

Solo con escaso entusiasmo escuchas lo que tienen que decir, porque ya te has inclinado a rechazarlo. Con la clase de duda más imparcial o inquisitiva, tienes el sentimiento de que algo puede ser verdadero, pero quieres asegurarte, de modo que eres receptivo y hay una parte de tu mente que escucha con atención, pues quieres cerciorarte de la verdad por ti mismo.

Necesitamos tener las cosas claras a fin de saber cómo relacionarlas con nuestras experiencias. Cuando nos permitamos cuestionar con un vívido interés, permanecemos activamente comprometidos en nuestro proceso de despertar espiritual. Sobre esta base, seremos capaces de mantenernos plenamente atentos a las oportunidades de crecimiento. Empezaremos a vincular toda nuestra vida con el crecimiento espiritual.

## Tener presente la felicidad

El primer objetivo del camino espiritual es la verdadera felicidad. Todo lo demás es secundario. Debemos preguntarnos a nosotros mismos cómo podemos crear una felicidad real, auténtica. Simplemente por el hecho de tener un corazón noble y una inteligencia humana, disponemos de excelentes oportunidades de encontrar la verdadera felicidad en la vida. Pero la felicidad perdurable, como el despertar espiritual, no se crea de manera fortuita. No la obtendremos siguiendo meramente los dictados de nuestras fluctuantes emociones. Y tampoco repitiendo estúpidamente nuestros habituales patrones de conducta. Necesitamos aplicar la inteligencia innata y la sabiduría a fin de descubrir el sentido de nuestra vida. Sin embargo, no podemos hallarlo exclusivamente a través del análisis intelectual, pues la felicidad no es creada solo por el intelecto. Debemos comprometer a nuestro corazón.

Podemos hacer de cada paso que demos en la vida –de cada una de nuestras experiencias– una oportunidad para crecer espiritualmente. Si nos mantenemos presentes, incluso la inclinación de las briznas de hierba cuando el viento pasa puede despertarnos a la verdad de la interdependencia. Cuando te tomas el tiempo para estar presente a ti mismo, puedes experimentar muchos de esos momentos de tranquilo descubrimiento. Esto requiere que dejes de correr detrás de las cosas, las personas y las experiencias, y cultives la capacidad de estar en paz.

Ese hábito de ir corriendo detrás de algo es muy fuerte y la vida del siglo XXI parece fomentarlo. Encontramos poco o ningún tiempo para reflexionar o rezar porque estamos absortos en perseguir nuestros diferentes objetivos y en hacer malabarismos con sus exigentes demandas. Cuando una sesión de meditación o tranquila reflexión se introduce con dificultad en nuestro sobrecargado programa, es difícil asentar nuestra mente. Tratar la vida espiritual como otra tarea más en la lista de actividades que realizar no es un planteamiento eficaz. La práctica espiritual se vivirá entonces de forma apresurada y puede llegar a sentirse como una obligación, algo que necesitamos terminar para poder pasar al siguiente punto de la lista.

Aunque hemos de tener cuidado y no tratar nuestra práctica espiritual como uno más de nuestros quehaceres cotidianos, debemos también tener la precaución de no separarla del resto de nuestra vida. Si esta debe ser transformada por nuestra práctica, no tendría que existir ningún abismo entre ambas. Por el contrario, la espiritualidad debería estar fundida con el resto de nuestra vida.

La espiritualidad o la religión es un proceso de autodescubrimiento que ha de desarrollarse en tu interior. No puedes descubrir lo que no forma parte de tu propia experiencia. Si la ves como algo distinto de tu propia vida, solo conseguirás, a lo sumo, que tu vida esté configurada por ellas. Pero debes hacer también que tu vida las configure a ellas. Debes comprender tu religión o tu espiritualidad –quizá incluso todo el universo– a través de tu propia vida.

A veces se tiene la creencia de que la práctica espiritual consiste en unas determinadas técnicas que se realizan con el fin de espiritualizar la vida. Pero si podemos permanecer atentos a lo que más importa, a nuestras prioridades espirituales, las actividades espirituales y las «no espirituales» no deben sentirse separadas.

Uno de los retos más importantes que se nos plantean en la vida es permanecer atentos a quiénes somos y a qué estamos haciendo. Mantener esta conciencia presente todo el tiempo es una gran ayuda para nuestro crecimiento espiritual. Un aspecto de la vida espiritual es vivir conscientemente, tan plenamente conscientes como sea posible. Sin plena atención, terminamos siendo como sonámbulos. Actuamos sin comprender lo que estamos haciendo.

El peligro de conocer muchas técnicas espirituales pero careciendo de plena atención puede ser ilustrado con la analogía de un gran nadador que de repente se cae al agua. Puede suceder tan repentinamente que se olvide de dónde está y quién es. Incluso puede ocurrirle que, en un instante de pánico, olvide que es un gran nadador y que debe nadar para llegar a tierra firme. No hay plena atención y todas sus técnicas se vuelven inútiles precisamente en el momento en que más las necesita.

## ¿Qué quieres ser?

Me gustaría ofreceros un ejemplo de lo que quiero decir cuando hablo de llevar las experiencias al camino espiritual. Mantener tu ecuanimidad a lo largo del día puede ser una forma de hacerlo. Hablé antes de mi anciano instructor. Él anda por los setenta y yo por los veinte. Sus intenciones son muy buenas, pero somos de generaciones enteramente diferentes y valoramos de forma distinta la importancia de las cosas. Vivimos juntos y, en mi opinión, se empeña en regañarme por insignificancias. Yo solo utilizo ropas monásticas, a diario. Pero él elige las que debo llevar, diciendo: «No te pongas eso. Ponte esto». Estamos así todo el día, todos los días. Podría llegar a ser molesto, pero tengo la opción de sentirme molesto o de reírme ante esa situación, y yo he aprendido a no tomármela demasiado en serio. En realidad, resulta divertido.

Cuando estás cultivando la ecuanimidad como parte de tu práctica espiritual, ayuda el hecho de recordar que no tienes ninguna obligación de tomártelo todo con excesiva seriedad. Estar tenso y mortalmente serio, como si estuvieras enfadado, lo hace todo más duro. En lugar de ello puedes introducir una cualidad de ligereza. Estar alegre en ciertas situaciones es muy útil. Puedes incluso convertir el enfado en un juego. Pero para que este juego funcione, debes comprometerte a llevarlo a cabo plenamente, con tu cuerpo, tus palabras y tu mente. ¿Cuál es la utilidad de sentarte y decir «no quiero estar enfadado», pero con los dientes apretados y el rostro nublado por la ira? Puedes tener buenas razones para sentirte enfadado, pero no tienes por qué agarrarte tan firmemente a ellas. En cualquier momento, puedes simplemente soltarlas y desprenderte de ellas. Reconocer que tienes la opción de desprenderte de tu enfado, y decidir hacerlo así, se puede considerar una práctica espiritual.

Para mantener la ecuanimidad cuando sientes que te estás enfadando, puedes imaginar que hay dos personas dentro de ti. Una quiere enfadarse y la otra no. Muchas cosas pueden ayudarte a ver esto, incluso un héroe de cómic como Spiderman. Imagínate que eres Peter Parker y tienes un par de trajes de Spiderman que puedes ponerte en cualquier momento. Tu yo tranquilo es como el traje rojo (el Spiderman rojo es un buen tipo, recuerda), mientras que tu ira es como el traje negro: te conviertes en un mal tipo cuando te lo pones. ¿Cuál de los dos quieres llevar? ¿Con cuál de los dos deseas vestir tu cuerpo, tus palabras, tu mente? Siempre tienes las dos opciones y puedes elegir con cuál de ellas te muestras públicamente.

Este es un planteamiento muy simple, pero requiere un cierto esfuerzo. Recuerda conscientemente las opciones que quieres elegir, de modo que puedas reaccionar con inteligencia cuando llegue el momento. Mantenerte consciente en las diferentes situaciones a las que te enfrentas y responder a ellas sabiamente es una forma de fundir tus experiencias con la vida espiritual.

## Romper barreras

Cuando sigues tu propio camino espiritual, lo haces en un mundo que tiene una gran diversidad religiosa. Es importante asegurarte de que tu compromiso religioso no te impide sentirte íntimamente ligado a todos aquellos que no participan de tu camino particular. Aunque todos compartamos un mismo mundo, cuando nos aferramos firmemente a un determinado credo, esa diversidad confesional puede mantener separados nuestros mundos. A pesar de todo lo que las religiones nos ofrezcan potencialmente, también pueden constituir una causa importante de animosidad y lucha social en lugar de una vía para terminar con todo eso.

Estamos todos unidos por el hecho simple de que somos seres humanos. Las enseñanzas religiosas se dirigen a nosotros en un nivel universal. Sin embargo, aferrarse a una identidad religiosa específica puede apartar del espíritu de la religión. Si las creencias acaban dividiéndonos, ese es un signo seguro de que algo se ha hecho terriblemente mal. Prevenirse contra eso, manteniendo una perspectiva amplia sobre nuestra humanidad compartida, es extremadamente importante.

Por ejemplo, hemos llegado al punto en que muchos igualan el islam con el terrorismo. La gente llega a tener miedo de personas ordinarias simplemente porque son musulmanes. Todos los inviernos voy a Bodh Gaya, situado en la India –el lugar más sagrado para los budistas–, a participar en el Kagyu Monlam, nuestra reunión para alcanzar un mundo en paz. Recientemente se construyó una mezquita cerca del árbol Bodhi, donde el Buda alcanzó la iluminación y donde recitamos nuestras oraciones. A veces, durante los descansos para el té, podemos oír la llamada a la oración de los musulmanes emitida por un sistema de megafonía. Al principio, algunos se sintieron molestos y amenazados por ello. Pero esto es extraño: nosotros estamos allí para orar, y ellos están también llamando a la oración. Inevitablemente nos cruzamos en las calles cuando vamos y venimos de la oración, y una rápida mirada es suficiente para convencerse de que son tan humanos como nosotros. Pero nuestra confesionalidad nos ciega a ese hecho obvio; pueden surgir infinidad de ideas violentas, y las divisiones entre «nosotros» y «ellos» pueden empezar a parecer muy sólidas. Por esta razón, tenemos que ser muy cuidadosos sobre cómo manejar esas etiquetas religiosas.

En 2001, las enormes estatuas de los budas de Bamiyan, en Afganistán, fueron demolidas. Para un determinado sector del islam, aquellas estatuas eran instrumentos ofensivos de un culto idolátrico, mientras que para los budistas eran el recordatorio de unos principios sagrados y de lo mejor de nuestro innato potencial humano. Nosotros los budistas utilizamos imágenes físicas en nuestra práctica espiritual, mientras que los musulmanes adoran sin imágenes. Aferrarse a esas posturas es crear un muro entre los pueblos. Pero, en definitiva, son solo estatuas. Enfrentarnos unos contra otros por un objeto no es más que aferrarse a los prejuicios.

Personalmente, no veo una base para tratar las diferencias religiosas de esta forma. Poco después de que los budas de Bamiyan fueran destruidos, tuve la oportunidad de reunirme con un grupo de jóvenes afganos que trabajaban por la paz. Les sugerí que podían ver la demolición de los budas como la demolición de los muros entre todos los pueblos. Si la presencia de esas estatuas es causa de enfrentamiento, quizá podríamos ver una utilidad en que hayan sido derribadas. Esto es lo que pienso sobre ese asunto.

Se alzan muros entre las personas cuando le concedemos más importancia a la forma de nuestra identidad religiosa que a la esencia de lo que nos enseña. Cuando las creencias espirituales se utilizan para construir muros entre la gente, hay una total incomprensión del propósito de la espiritualidad. La espiritualidad debe significar acercarte más a ti mismo. Cuando esto sucede, también te acercas más a los demás. La espiritualidad y la religión deben desmantelar la discriminación y las diferencias, no apuntalarlas. Deben romper las barreras entre los pueblos, no crearlas.

## Abrazar la diversidad

Vivir en una sociedad en la que hay diversidad de creencias religiosas es una buena oportunidad para poner en práctica nuestra tolerancia, respeto y amor. Tolerancia, respeto y amor son valores compartidos por las grandes religiones del mundo. Seguramente la mayor parte de las personas que son estrictamente seculares también comparten la visión de que el respeto por los demás es un valor ético importante.

Podemos utilizar una analogía sencilla para pensar sobre la diferencia religiosa. El hecho de que nos guste una cierta comida no significa que tenga que gustarle a todos. No nos enfadamos con nuestros amigos si no comparten nuestros gustos en materia culinaria. Cuando comemos juntos en un restaurante, no insistimos en que pidan los mismos platos que nosotros, ¿no es cierto? Queremos que coman lo que les apetezca y que lo disfruten.

Somos seres humanos. Somos vecinos. Compartimos el mismo planeta y respiramos el mismo aire. Nos calienta el mismo sol y disfrutamos la suave luz de la misma luna. Por eso, siempre tendremos cosas en común. La espiritualidad debe elevar nuestra conciencia de todo lo que tenemos en común. Debe elevar nuestro reconocimiento de la dignidad básica de todos los seres humanos.

Siempre habrá también cosas que nos diferencien. La principal consideración debe ser si la religión de otra persona está contribuyendo a su bienestar, no si nosotros estamos o no de acuerdo con sus principios. Las diferencias entre los credos son relativamente superficiales. Aunque las corrientes y los textos difieran, en esencia, cristianismo, budismo, judaísmo, hinduismo, islam y las otras religiones del mundo comparten muchas similitudes. Esto se comprueba fácilmente cuando consideramos sus valores éticos y su énfasis en el despertar del más elevado potencial de los seres humanos.

Que creamos o no que los principios de las otras religiones son verdaderos no es lo que importa. Lo realmente importante es que, si nos ocupamos de la felicidad de los demás, podemos sentirnos complacidos de que su religión esté sirviendo para aportársela. Lo realmente importante es si su religión o camino espiritual está contribuyendo a su bienestar.

Tengo ejemplares de las Escrituras de todas las grandes religiones del mundo en mi habitación. Con ellas suelo realizar una práctica: las tomo una a una de la estantería y las sostengo entre las manos mientras digo: «Muchos millones de personas han colocado su fe y su esperanza en las enseñanzas contenidas en estas Escrituras. Muchos libros sagrados llegan a ser un verdadero vehículo para aquellos que viven sus aspiraciones a través de ellos. Que estas enseñanzas sean un vehículo que aporte felicidad a todos».

# 11

# Compasión sostenible

## BASARNOS EN EL CORAJE Y LA ALEGRÍA

El corazón de todos los seres humanos del planeta anhela estar en todo momento libre del sufrimiento. Todos tenemos este deseo a lo largo de nuestra existencia. Nuestro deseo de ser felices y estar libres del sufrimiento se halla entre los anhelos más básicos que compartimos.

El mayor propósito del aprendizaje espiritual en la tradición budista practicada en el Tíbet es ser capaz de liberar a todos los seres del sufrimiento. A la persona que está trabajando en este objetivo la llamamos *bodhisattva*, término sánscrito que designa a quien ha desarrollado su compasión hasta el punto de hacerla espontánea e incondicional hacia todos los seres. Los *bodhisattvas* son verdaderamente ejemplos de generosidad. Cuando los observamos, vemos lo que seremos cuando nuestro noble corazón esté plenamente abierto. Los *bodhisattvas* sienten una profunda aspiración de aportar felicidad a todos los seres en todas partes. Encuentran su felicidad en estar al lado de cualquiera que sufre para ofrecerle alivio y ayudarle a encontrar una salida a su sufrimiento. En la medida en que ven que pueden beneficiar a otros, se alegran –de hecho, se sienten dichosos– de enfrentarse a las situaciones más duras a fin de trabajar por el bienestar de sus semejantes. También nosotros podemos aspirar a poner este vasto coraje y esta nobleza de corazón en nuestras relaciones y en toda nuestra actividad. La única diferencia real entre nosotros y los *bodhisattvas* es que ellos ya basan plenamente su vida en la nobleza de su corazón.

Hace mucho tiempo el Tíbet tenía muy poca relación con el mundo exterior. Escasas personas habían oído la palabra «América», que lo mismo podía designar a una ciudad que a un continente. No había realmente ninguna idea clara de su tamaño ni de lo que esa palabra de extraña sonoridad designaba realmente. El término «Rusia» era más conocido. Nuestra idea acerca de Rusia era que en los malos tiempos por venir, ¡los rusos aparecerían y se nos comerían vivos! Suena como un cuento de hadas contado a los niños, pero esto es lo que la gente del Tíbet solía decir acerca de los rusos. Sin embargo, a pesar de esta estrecha visión del mundo más allá de nuestras fronteras, las personas eran generosas. Sus corazones podían estar tan abiertos como el cielo. Los tibetanos imaginaban que allí donde hubiera un cielo azul, había seres sensibles. Y allí donde hubiera seres sensibles, sabían que había sufrimiento y anhelo de felicidad. De modo que sentían que debían elevar sus ruegos para que todos los seres sensibles –tan numerosos que llenan todo el espacio–

encontraran la felicidad y se liberaran del sufrimiento. Sin ningún contacto real o una idea clara de quiénes o qué eran los otros, o de dónde estuvieran, los tibetanos podían abrir sus corazones, lo bastante amplios para abarcar todo el espacio, y aspirar a terminar con el sufrimiento de todos los seres y aportarles felicidad. Esta es la dicotomía: los seres humanos pueden tener un conocimiento limitado, pero unos corazones infinitamente expansivos.

En mi caso particular, mi posición no me permite, obviamente, beneficiar a todos los seres del mundo. Pero aun sabiendo esto, alimento sin embargo la aspiración de ser capaz de hacerlo. Sería maravilloso que realmente estuviera en mis manos conseguirlo. Pero, aunque no sea así, este mundo tiene una urgente necesidad de amor y compasión. Si vivo cultivando la compasión y el amor, creo que esto puede ser una fuente de esperanza y coraje para algunas personas. Simplemente el hecho de estar vivo y mantener el amor en mi corazón puede ser una expresión de mi preocupación por los demás. Incluso eso puede ser importante. Alimento este humilde pensamiento. Que tal vez no es humilde, pero sí sencillo, muy sencillo, por una parte, aunque por otra es vasto y expansivo.

## Nuestro noble corazón de compasión

Antes hablé de la posibilidad de contemplar la vida como algo que se extiende más allá de ti mismo, conectándote con muchas otras personas. Si puedes cultivar la perspectiva de que eres una parte de los demás, tu sufrimiento puede decrecer y tu coraje crecer, el egocentrismo doloroso que complica tu vida puede ser en gran medida amortiguado y es posible que se añada un elemento de verdadera cercanía e intenso amor a todas tus relaciones. De esta forma, cuando te ves a ti mismo ya no solo relacionado con todos los seres, sino siendo realmente una parte de ellos, esto por sí solo puede transformar tu experiencia del mundo y tu relación con cada uno de los seres que hay en él. Puedes vivir en un estado de perfecta armonía con el mundo. Esta es la forma suprema de estabilidad emocional y felicidad perdurable.

En tibetano hacemos esta petición:

*Si soy feliz, ofrezco esta felicidad a los otros.*
*Que esta alegría y este deleite llenen el mundo entero.*
*Si hay sufrimiento, que pueda yo cargar con todo.*

Desarrollar esta compasión ilimitada puede parecer un enorme desafío. Pero la compasión no es algo nuevo que necesitemos adquirir o gestionar. Está ya presente dentro de cada uno. Por muy aparentemente mala que una persona sea, todavía tendrá algo de compasión como parte integral, fundamental, de su naturaleza. Todos la tenemos. Por esta razón nuestra compasión nunca se agotará. Tiene la facultad de alimentarse de sí misma.

Aunque todos tenemos compasión como parte de nuestra naturaleza, hay diferencias en cuanto a la forma de desarrollarla y aplicarla. La gente tiene distintas aptitudes y aspiraciones que determinan la manera en que se manifiesta su compasión. Inicialmente, nuestra acción compasiva se desarrollará dentro de estas limitaciones. Sin embargo, existen muchas prácticas contemplativas que pueden acostumbrarnos a ampliar nuestra compasión. En este aspecto, desempeñan un papel particular las aspiraciones u oraciones en las que expresamos el deseo de ir más allá de nuestras presentes limitaciones y poder hacer más en el futuro por llevar la felicidad a nuestros semejantes. Es mi sincera aspiración que todas vuestras sinceras aspiraciones se vean cumplidas en el futuro y ofreceros todo mi apoyo con este fin.

## Lo que significa realmente «todos los seres»

Cuando nuestra compasión ha crecido más allá de nuestras limitaciones personales, puede llegar a ser un deseo sin límites de beneficiar a todos los seres, a todos y cada uno de ellos, independientemente del lugar donde puedan encontrarse. Esto no solo incluye a las personas que nos agradan y que sentimos próximas. Ni siquiera se pretende abarcar únicamente a los siete mil millones de seres humanos que viven en nuestro mundo. En términos budistas, «todos los seres» incluye a los humanos y los animales de nuestro planeta, pero también a todos aquellos seres que poseen sensibilidad en nuestra galaxia, en todo nuestro universo y, en última instancia, quizá también en otros universos. Extendemos nuestra compasión a todas partes donde pueda haber seres sensibles.

Tan vasta compasión implica un sentido de responsabilidad por llevar felicidad a todo ser sensible, en cualquier parte y en cualquier momento. Hemos estado hablando acerca de invertir el proceso de destrucción infligido a nuestro planeta, terminar con el hambre o poner justicia en nuestros sistemas sociales y alimentarios, como vías para ayudar a todos los seres. Aunque podemos ya empezar a movernos en esa dirección hoy mismo, estos no son objetivos que se puedan realizar en un día, o en una semana, o quizá incluso ni siquiera en lo que dura una vida humana. Hacer que nuestra visión a largo plazo de un mundo mejor sea una realidad implica algunos objetivos a un plazo extremadamente largo. Esto hace particularmente importante que nuestra compasión sea sostenible y duradera.

Reconozco que este deseo de crear una sociedad mejor, terminar con el sufrimiento de todos los seres y proteger al planeta entero puede no ser alcanzable. Pero logremos o no estos objetivos en nuestro tiempo de vida, es sin embargo tremendamente importante cultivar un sentido tan vasto de la responsabilidad y un deseo incondicional de beneficiar a los demás. Esta perspectiva es tan saludable y noble que es digna por sí misma de que la desarrollemos, con independencia de la probabilidad que exista realmente de llevar a la práctica una idea tan amplia.

Reconociendo la nobleza de esta perspectiva, podemos cultivar una compasión que sea lo bastante intensa y estable para llevarnos hacia delante, a pesar de la magnitud de la tarea propuesta. Podemos empezar por reforzar nuestra convicción de que cualquier ser sensible por definición experimenta sentimientos de placer y dolor. Simplemente porque sienten dolor y anhelo de verse libres de él y porque tienen la capacidad de sentir felicidad, deberíamos respetar sus experiencias y valorarlas. Realmente no necesitamos buscar otra razón.

Una vez comenzamos a valorar verdaderamente la felicidad de los otros, si nos surge la oportunidad de proporcionarles felicidad o protegerlos del sufrimiento, estaremos dispuestos a hacerlo. Si somos capaces de alimentar un sentido de continua disposición a actuar, no desaprovecharemos la oportunidad de beneficiar a los demás. Incluso si no podemos asegurar inmediatamente el bienestar de todos los seres, estaremos impacientes por desplegar nuestra compasión por cualquier ser en particular. Cuando advirtamos, por ejemplo, la presencia de una persona hambrienta en la calle, buscaremos al instante algo que ofrecerle. Nos pondremos en acción y empezaremos por llevarle alimentos saludables o buscaremos algún centro de ayuda para personas necesitadas que sirvan comidas. En la medida en que aspiremos a beneficiar a los otros, no dejaremos de buscar oportunidades de hacerlo, y las aprovecharemos en cuanto se presenten. Así, esta aspiración tiene en sí misma una gran importancia y un poder real.

## Teñir la vida de compasión

La compasión que es sostenible debe mantenerse a resguardo de los arrebatos momentáneos de inspiración. Ha de ser perdurable, de modo que tenemos que aprender formas de mantenerla más allá del punto en que comienza a decrecer. No hay ninguna técnica simple que sirva en todas las circunstancias. Una vez nos hemos comprometido a llevar la verdadera compasión a nuestra vida, podemos abrazarla incluso en los actos más pequeños. Podemos teñir toda nuestra vida de amabilidad, transformando nuestras actividades diarias e infundiendo calor humano en nuestro día a día. Esto puede suceder. Nuestra vida puede ser traducida al amor.

Cualquier cosa puede ser una oportunidad de hacerlo. Si oímos un pájaro cantando, ese sonido nos recordará la compasión y despertará en nosotros un deseo de ofrecer nuestro amor a ese pájaro. Podemos utilizar nuestros ojos tanto como nuestros oídos. Cualquier cosa que veamos puede ser una base para que dejemos fluir el lenguaje de la amabilidad amorosa en nuestra vida. De hecho, es posible utilizar los cinco sentidos como vías que se abren hacia una perspectiva afectuosa.

En tibetano tenemos un dicho: «Puedes activar la compasión en todo paso que des». No es suficiente con que tu compasión permanezca contigo, como una actitud o una práctica interior. Debes expresarla a través de tu discurso y a través de tus acciones. Todo paso que des puede llegar a ser una manifestación de tu compasión.

Más allá del propio cuerpo y del propio discurso, cualquier cosa que crees puede ser también un medio de expresar el amor: tu poesía, tu música, tu trabajo artístico... Incluso los hechos cotidianos –cocinar, comer, dormir, vestirte– pueden estar impregnados de amor y compasión. Un simple paseo puede teñirse con una perspectiva de generosidad. Cuando todo lo que hagas proceda de las fuerzas motivadoras del amor y la compasión, tus acciones llegarán a ser verdaderamente sostenibles.

Algunas personas piensan que la compasión es demasiado difícil de alimentar en la realidad actual. Puede parecer así cuando nos planteamos ser eficaces en el cuidado de los demás. Por ejemplo, imagina que un coche ha atropellado y herido a un perro callejero. Sus heridas están infectadas y llenas de gusanos. Si ayudas al perro liberándolo de los gusanos, dañas a estos últimos. Si no, los gusanos dañan al perro. ¿Qué hacer? Esta es una cuestión que se me ha planteado más de una vez y que no tiene una respuesta fácil. Parece que estamos apresados en un círculo vicioso y carecemos de sabiduría para encontrar una salida. Estas situaciones complicadas hacen que nuestra compasión parezca difícil de aplicar y mantener. Tenemos que mantener la mente abierta para solventar tales dilemas. Sin embargo, también debemos reconocer que estos casos son excepcionales. La mayor parte de las veces, la compasión no es tan difícil de aplicar.

Vivir compasivamente resulta complicado solo cuando esperamos que nuestros esfuerzos tengan éxito de forma permanente. Cuando sentimos compasión, de forma natural queremos hacer algo por eliminar el sufrimiento que percibimos. Pero este deseo no siempre puede traducirse directamente en resultados. Aparte de nuestra falta de sabiduría en cuanto a cómo llevar a la práctica la compasión en ciertas ocasiones, podemos también carecer de los recursos materiales necesarios para resolver un problema determinado. Incluso si tenemos algo que dar, podemos toparnos con otros obstáculos.

Dejando a un lado la compleja tarea de lograr un cambio social, incluso algo tan simple como ofrecer unos caramelos con un gozoso deseo de compartir su dulzura con extraños puede resultar difícil. Tal vez tu ofrecimiento sea recibido con una actitud de recelo o sospecha. Pero la amabilidad de tu gesto permanece, incluso si el don no es aceptado. La pura bondad de tu aspiración supera cualquier otro obstáculo, sea grande o pequeño. Lo importante es amar y sentir compasión, y hacer de esos saludables sentimientos la base para una acción realizada con gozo. Esto te permite alimentar la compasión dentro de ti, independientemente de si tus esfuerzos por beneficiar a otros encuentran o no el éxito en términos de exterioridad.

## Cuidar de los demás, cuidar de uno mismo

Como he dicho antes, cuando nuestra compasión actúa, cada uno tiene sus inclinaciones y capacidades particulares. Algunos pueden conmoverse por la apremiante situación de las personas sin hogar; otros quizá se sientan más motivados para trabajar por los derechos de los animales. Nuestras inclinaciones guían nuestras acciones y nuestras capacidades ponen límites sobre lo que somos capaces de hacer en un momento dado en nuestro desarrollo de la compasión.

Incluso cuando estamos actuando de formas que básicamente sirven a nuestros propios intereses, hay caminos mejores y peores para actuar. Aunque nos esforcemos por lograr nuestros propios objetivos, podemos también buscar la manera de llevar al mismo tiempo bienestar a los demás. O si no somos capaces de beneficiar a los otros, al menos deberemos estar seguros de no perjudicarlos cuando perseguimos nuestros objetivos particulares. En cualquier caso, ya estemos buscando un beneficio para otras personas o tan solo para nosotros mismos, únicamente podemos hacerlo dentro de los límites de nuestras capacidades personales. Es importante conservar esto en la memoria, para que no lleguemos a sentirnos decepcionados o frustrados por la ausencia de resultados materiales.

Hay otra forma de considerar la relación entre el trabajo para nosotros mismos y el trabajo para los demás. Estas dos orientaciones no tienen por qué entrar en conflicto. Simplemente podemos hablar de la compasión orientada en dos direcciones: exterior e interior.

Si la cara de la compasión está vuelta hacia el interior, hacia uno mismo, la actitud sería lo que en budismo se llama renuncia, que se define como el deseo de apartarse de todo lo que origina sufrimiento. Cuando renunciamos, en términos budistas, no estamos rechazando las cosas. Estamos rechazando nuestro apego a esas cosas. Estamos renunciando a lo que nos causa dolor e insatisfacción, y esto incluye la persecución interminable de placeres vacíos de sentido. La renuncia es una sabia forma de cuidar de nosotros mismos.

Si, por el contrario, la compasión se vuelve hacia fuera, tenemos lo que se llama propiamente «compasión». Queremos que los demás estén libres del sufrimiento y de todo lo que lo causa.

La compasión, en este sentido, es como una moneda con sus dos caras. La moneda está hecha toda ella del mismo material; simplemente se abre a dos direcciones diferentes. En ambos casos, existe un sencillo deseo de poner fin al sufrimiento, ya sea el propio o el de los demás. La actitud de cuidado es esencialmente la misma.

Hay una forma simple de calibrar si lo que estás sintiendo por los otros es o no auténtica compasión. Si lo es, también podrás aplicarla a ti mismo sin ningún cambio de cualidad o intensidad. Si la compasión que sientes por ti mismo es auténtica, igualmente podrás aplicarla a los demás sin ningún cambio. Tu deseo compasivo de ver un final al sufrimiento sería el mismo en ambos casos. Pero si tu «compasión» viene mezclada con un sutil sentido de superioridad hacia la persona que ves sufrir, el sentimiento cambia según lo dirijas a ti mismo o a los otros. Obviamente, no serías capaz de sentirte superior a ti mismo. Si tu experiencia cambia cuando diriges tu mirada hacia el interior más que hacia el exterior, ese es un signo de que lo que sientes no es una compasión real. Más bien puede ser un esfuerzo por satisfacer a tu ego o evitar tus propios problemas centrándote en otros que crees que tienen problemas más grandes que los tuyos. Eso no es lo que debemos llamar compasión. Puede ser, más bien, una forma de superioridad o incluso de codependencia.

Tenemos que ser capaces de colocarnos a nosotros y a los demás al mismo nivel, de modo que la calidad y la intensidad de nuestra atención por ellos sea similar a nuestra atención por nosotros mismos. Por ejemplo, si miramos a otras personas y las encontramos dignas de nuestro amor y cuidado, pero luego nos disgusta lo que vemos en nosotros, eso es enfermizo. Lo mismo sucede si nos consideramos maravillosos y dignos de cuidado, pero no nos agrada lo que vemos en los demás. Cuando podemos vernos a nosotros mismos y a los otros igualmente dignos de atención, a eso es a lo que podemos llamar compasión.

## Preocupación por las víctimas y también por los agresores

En última instancia, para que la compasión sea completa e incondicional, tenemos que ser capaces de sentirla por aquellos que dañan a los demás de forma significativa. Esto puede ser muy difícil. Tendemos a ser generosos a la hora de abrir nuestro corazón a las víctimas, pero más bien intransigentes con los agresores. Puedo ofrecer algunas sugerencias sobre este punto, pero debo reconocer que es más fácil de decir que de hacer.

Podemos empezar, por ejemplo, por reconocer que quienes hacen daño a otros están carentes de una cierta clase de libertad. Deberíamos comprender que sería imposible que quienes dañan o aterrorizan actuaran de esa forma si no estuvieran abrumados por graves aflicciones emocionales.

Esto puede aplicarse incluso a los asesinos más notorios: matan bajo el control de graves problemas mentales, fuertes trastornos emocionales u otras influencias negativas igualmente poderosas. Han caído bajo el control de un terrible estado de violencia. Hacen daño a otros mientras se encuentran en una completa carencia de verdadera libertad. Podemos incluso decir que han llegado a ser las primeras víctimas de su propio odio. Este odio es mucho más fuerte que ellos y ha tomado posesión de su ser.

Comprendo que esto puede sonar difícil de aceptar, pero cuando entendemos la realidad de su situación, debemos intensificar nuestra compasión al observar a gente que actúa de forma tan terrible. Después de todo, sus acciones son un resultado de su propia falta de libertad para controlar su mente.

Aunque pueda ser muy difícil comprender esto, esa no es su verdadera naturaleza. Lo último que una persona cuerda quiere hacer es infligirse sufrimiento a sí misma. Sin embargo, una vez que la gente ha caído en las apretadas garras de la enfermedad mental, esta produce dolor y desdicha a ellos mismos y a los demás. Sabemos que una de las más dolorosas formas de sufrimiento es la falta de libertad. Y esas personas carecen de ella: están esclavizadas por horribles trastornos mentales. Siguen los dictados de su habitual perspectiva distorsionada, confusa, enviciada. Hallarse en ese estado es algo muy doloroso.

## Distinguir entre persona y emoción

Todos podemos sentirnos enfadados y alterados de vez en cuando, pero todavía podemos retener un cierto sentido de identidad libre del odio. Por contraste, los asesinos en serie, los agresores de niños, los secuestradores y otras personas que infligen dolor a otros son completamente incapaces de evitar su rabia, su odio y otras emociones destructivas. Son literalmente incapaces de distanciarse en ninguna medida de sus emociones destructivas. Sufren una grave distorsión en su visión de la realidad y no pueden distinguir entre lo que sienten en ese momento particular y la realidad actual de lo que son y lo que está sucediendo. No los podemos mirar de la forma en que ordinariamente miramos al resto de la gente. De ningún modo deberíamos nunca condonar sus acciones, pero tampoco confundir esas acciones con los propios individuos.

Hubo un hombre del que se dice que vivió durante el tiempo del Buda cuya experiencia ilustra este punto. Era una persona muy obstinada llamada Angulimala. La abrumadora fuerza de sus aflicciones mentales le llevó por el mal camino. De alguna manera concibió la idea de que alcanzaría grandes poderes espirituales si asesinaba a mil personas. Llegó a estar completamente determinado a matar hasta que hubiera acabado con mil vidas humanas. Estaba convencido de que eso significaría la culminación de su realización espiritual. Cortaba un pulgar de cada una de sus víctimas y los llevaba alrededor de su garganta como un collar, de modo que llegó a ser conocido por el nombre de «Angulimala», que significa en sánscrito «collar de dedos».

Llegó un momento en que Angulimala había matado a novecientas noventa y nueve personas, y estaba buscando a su última víctima. Por aquel tiempo, era tan famoso que todos salían huyendo en cuanto le veían. Si se sabía que había llegado a un lugar, la gente atemorizada tenía miedo a salir a la calle y todos se encerraban en sus casas. La única que no se ocultaba de él era su madre. Ella todavía sentía un gran amor por su hijo y le preocupaba que pudiera estar hambriento. Viendo que nadie más lo haría, le llevó algo de comer; pero tan pronto como la vio acercarse, Angulimala decidió matarla. Ese asesinato completaría su millar de víctimas, y acabar con su propia madre, pensó, sería una culminación espectacular para su realización.

El Buda observó a Angulimala mientras este se dirigía hacia su madre e intervino, diciéndole:

—En lugar de matar a tu propia madre, deberías venir conmigo.

Angulimala pensó entonces que matar al Buda sería incluso un final todavía más magnífico que matar a su madre, de modo que inmediatamente abandonó su idea inicial y se fue tras él. Pero no pudo alcanzarle.

—¡Detente! –grito el asesino–. ¡No vayas tan rápido!

El Buda respondió:

—Yo me he parado. Tú eres el único que se mueve, arrastrado por tus aflicciones mentales.

En aquel mismo instante, Angulimala adquirió la claridad para ver que él y sus aflicciones mentales eran independientes. Él y sus impulsos asesinos no eran lo mismo. Esta comprensión impactó a Angulimala como un relámpago y quedó paralizado. Las engañosas emociones simplemente perdieron su poder sobre él. Se convirtió en discípulo del Buda y finalmente llegó a ser uno de los monjes budistas más notables de su tiempo.

En cierto sentido, no somos tan diferentes de Angulimala. También nosotros albergamos la ilusión de que nuestros trastornos emocionales son una parte indivisible de nuestro ser. Pero lo cierto es que no son de ningún modo inseparables de nosotros. En la medida en que recordemos esto, es siempre posible dejar de lado esas aflicciones mentales, incluso bajo unas circunstancias tan terribles como las de Angulimala.

Puede parecer imposible perdonar a alguien que ha causado un daño tan terrible y que ha cometido tan monstruosos errores. Pero cuando comprendemos que esas personas hicieron lo que hicieron porque estaban controladas por sus aflicciones, tenemos una base para perdonarlas. Puede no ser fácil, pero es posible. Sin embargo, nunca deberíamos perdonar esas aflicciones, ni tampoco aprobar las acciones de quien así actúa. Naturalmente, es muy difícil poner esto en práctica, pero vale la pena intentarlo, porque los beneficios de extender nuestra compasión a todos los seres son enormes, y también lo es el daño que nos hacemos a nosotros mismos cuando albergamos resentimiento.

Cuando nos encontramos en circunstancias en las que un individuo o un grupo de personas están tratando de hacernos daño, podemos responder ahondando en nuestra resolución de no adoptar una conducta de ese tipo. De esta forma, podemos realmente transformar esas situaciones adversas para nuestro provecho espiritual y emocional.

¿Cómo podemos hacerlo? Pensemos en por qué nos disgusta la conducta de aquellos que nos dañan. Nos disgusta porque es negativa. Debido a la forma particular en que actúan, podemos pensar que estamos justificados para sentir antipatía hacia ellos. Pero debemos ser conscientes de que no hemos nacido teniéndoles antipatía. La hemos desarrollado a partir de las acciones o cualidades específicas que les hemos visto desplegar. Podemos pensar que esas cualidades o esa conducta deberían disgustarnos en cualquiera, incluso en nosotros mismos.

Preguntémonos entonces por qué querríamos tener esa cualidad en nuestra mente o actuar de esa forma hacia los demás. Nos habremos dado razones para sentir antipatía por nosotros mismos. Puesto que sabemos que eso está mal en los demás, llegaríamos a ser malos a nuestros propios ojos si actuáramos de forma similar. No se trata de considerarnos mejores que los demás, sino más bien de no querer comportarse de determinadas formas que nos desagradan. Por consiguiente, cuando vemos tales cualidades o conductas erróneas en otros, debemos redoblar nuestros esfuerzos para asegurar que no permitiremos que tales cualidades enraícen en nuestro corazón ni siquiera mínimamente.

## Entusiasmo por el largo camino

«Entusiasmo» es otra palabra muy significativa a la hora de alimentar nuestra compasión. Cuando sentimos entusiasmo, fácilmente podemos perseverar en nuestros esfuerzos por ayudar a los demás. La forma de despertar el entusiasmo es reflexionar sobre los beneficios del hecho de trabajar por los otros, más que fijarse en los resultados de nuestros particulares esfuerzos. Extraer nuestra motivación de los resultados de nuestras acciones es un error particularmente grave en el caso de la compasión, porque el cultivo de esta no es un área en la que podamos esperar encontrarnos con resultados inmediatos.

Nuestra perspectiva compasiva tiene que ser moldeada poco a poco, con lentitud y gran cuidado. No puede generarse instantáneamente en su totalidad. Después de todo, la compasión es un estado mental, no algo mecánico. El cultivo de la mente lleva tiempo; exige paciencia y resistencia. Necesitamos comprometernos pensando que el camino será largo.

Esto puede ser un problema, pues parece que vivimos en una era de resultados inmediatos. Nuestra cultura consumista está obcecada con la idea de que los resultados deben materializarse de forma instantánea y ser tangibles. Cuando se trata del desarrollo espiritual, esta orientación puede ser muy dañina. Muchos de los resultados más profundos debidos a la compasión no serán exteriormente perceptibles. Después de todo, la actitud compasiva no se parece en nada a lanzar un puñetazo al mundo y ver a continuación el ojo morado. La acción amable y amorosa actúa de un modo muy diferente.

A fin de mantener nuestro entusiasmo, es sumamente útil tener claro cuáles son los beneficios crecientes y continuados de la compasión. Si estás absolutamente convencido de las ventajas de cultivar esta perspectiva profundamente saludable, llevarás tus esfuerzos con alegría incluso aunque no percibas grandes resultados de tu acción compasiva. Si tus acciones están basadas en una clara conciencia del impacto a largo plazo de tu compasión, aun cuando puedas no tener éxito en tus planes, no hay nunca razón alguna para el lamento o la culpa. Después de todo, tú no has hecho nada mal. A pesar de que tus acciones compasivas no produzcan resultados visibles, puedes sentir la alegría que te proporciona el hecho de ser consciente de la nobleza de tus esfuerzos. Cuando reflexionas sobre lo importante que es cultivar la compasión y consideras los profundos beneficios de actuar de ese modo, adquieres cada vez más confianza y coraje. Te sentirás potenciado con el conocimiento de que tus acciones compasivas tienen valor en y por sí mismas.

Cuando veas la vida desde esta perspectiva, tu compasión será sostenible cualesquiera que sean las circunstancias. Después de todo, ella está siempre ahí, como una parte de tu naturaleza. Cuando permites que llene tu corazón y se ponga al frente de tu vida, todo lo que encuentras puede servir para el crecimiento de la compasión. Esta puede impregnar tus gestos más pequeños, y siempre que surja la oportunidad de actuar en beneficio de los demás en cuestiones más importantes, estarás plenamente dispuesto a hacerlo porque la compasión te prepara con un sentido de responsabilidad por la felicidad de los otros y un urgente deseo de actuar para hacerla realidad.

Alimenta tu compasión y mantenla dispuesta a traducirse en acción siempre que sea posible. Más allá de eso, es preferible no centrarse en los resultados. De hecho, gozarás de grandes beneficios incluso aunque tus esfuerzos no te muestren resultados externos. La actitud de la compasión es tan profundamente beneficiosa en sí misma y está tan dotada de sentido intrínseco que es digna de ser cultivada con perseverancia, independientemente de los resultados de la acción.

La compasión es noble en sí misma.

# 12

# Vivir las enseñanzas

Por el momento, este va a ser el último capítulo que recorramos juntos. Después de esto, os dejaré para que continuéis cultivando el hábito de extender vuestro amor y compasión hacia todos los seres. Cuando incrementéis el conocimiento de vuestro noble corazón en las actividades cotidianas, llegará a ser una fuerza fundamental en vuestra vida. Cada contacto particular que tengáis con otros seres puede devolveros al amor y la compasión. Si oís ladrar o gimotear a un perro, seréis capaces de engendrar un sentimiento de amor por el animal, y pensaréis: «Ese es el grito de un ser que me es querido». Este pensamiento puede recordarte el sufrimiento de todos los que se encuentran a tu alrededor. El mero ladrido del perro realzará la compasión que estás tratando de convertir en el centro de tu vida.

Del mismo modo, puedes usar todo lo que encuentres como soporte para vivir una vida basada en tu corazón noble y afrontar todas tus experiencias como un medio para crecer espiritualmente. Nada es intrínseca o supremamente malo. Cualquier situación que se plantea es solo relativamente buena o mala, y está basada en muchos factores, incluyendo –muy especialmente– cómo percibes la situación y cómo respondes a ella. Así, todo lo que surge ante ti puede ayudarte en tu crecimiento interior.

Tuve una vez la idea de que si cada uno pintáramos el rincón del mundo en el que vivimos con la visión más hermosa que tuviésemos de él, esas visiones podrían reunirse como piezas de un rompecabezas para formar un mundo vasto y hermoso. Esta posibilidad está presente en todo momento. Podemos empezar por hacer más hermosa nuestra parte del mundo de cualquier forma que nos sea posible. Más tarde, nuestra imagen se unirá a otras igualmente hermosas y de este modo seremos capaces de reformar el mundo.

## TU RECORRIDO POR LA VIDA

La forma en que vives tu vida puede ser tu respuesta a la cuestión de cómo quieres embellecer tu rincón del mundo. La forma en que vives tiñe el mundo a tu alrededor. Cuando decides por dónde quieres llevar tu vida, miras tus intereses y tus capacidades tanto como tus realidades prácticas. Si te estás dedicando a mejorar la sociedad y el mundo, no hay malas opciones. Puedes elegir las que sientas más próximas, pero esto no significa que tengas que volver la espalda a otras áreas. Es importante recordar que cualquiera que sea tu elección, todas las cuestiones que hemos analizado aquí están relacionadas entre sí.

Ya te preocupes por temas personales, sociales o medioambientales, ninguno de ellos está aislado de los otros. Hemos estado analizándolos uno por uno pero realmente no se pueden separar. Por ejemplo, las cuestiones relativas a la protección del medioambiente están muy estrechamente relacionadas con los problemas de justicia alimentaria y con todo lo referente a la acción social, que, a su vez, guarda relación con el consumismo, la avaricia y la resolución de los conflictos. Mantener relaciones saludables, cuestionar las discriminaciones de género, alimentar nuestra compasión, integrar nuestro crecimiento espiritual en una vida dotada de sentido, están todos ellos igualmente vinculados. No son cuestiones restringidas a una parte de la vida o a un único y remoto rincón del mundo. Todos los que compartimos este planeta dependemos en gran medida unos de otros. Puesto que todo el mundo está estrechamente interconectado, un campo afecta a muchos otros campos. Esto significa que si generas un cambio positivo en un área, tendrá también un efecto positivo en otras áreas.

No importa a dónde dirijas tu energía; lo principal es poner tus aspiraciones más nobles en todo lo que hagas. Primero, crea una forma saludable de vida coherente con esas aspiraciones. Puedes empezar por ser una buena persona. Luego, ofréceles a otros que estén a tu alrededor oportunidades de hacer otro tanto y actúa directamente tú mismo para lograr su felicidad y bienestar. De esta forma, tu vida puede tener un doble fruto: te beneficiará a ti mismo y beneficiará a los demás.

Cuando te basas en aspiraciones nobles, no te detienes en el nivel de los meros deseos. Las aspiraciones que surgen inicialmente en tu corazón son los primeros eslabones de una cadena de causas y efectos que producen grandes resultados en el mundo. Por ejemplo, cuando te encuentras en una región que está sufriendo una completa sequía, puede que te sea imposible ver nada verde ni siquiera en tu imaginación. Si tú eres el que trae la primera gota de agua –para comenzar el flujo y mantenerlo–, nace una noble aspiración. Un pequeño pero intenso deseo te empuja a actuar. Desde ahí continúa, expandiendo sus beneficios. Tus nobles aspiraciones te convierten en un pionero. Ellas hacen de ti un héroe.

Puedes centrar tus esfuerzos en una cuestión determinada, pero el objetivo es mucho más amplio. Hay múltiples efectos que puedes imaginar, y el área en la que estás trabajando en un momento dado no es tu única preocupación. Tu objetivo real va mucho más allá de eso. En su sentido más amplio, tu objetivo es que la bondad fluya en el mundo. Si comprendes que estás actuando dentro de este vasto paisaje, siempre generarás nuevas aspiraciones y nuevos impulsos hacia su cumplimiento. Tu acción será siempre gozosa.

Tus capacidades pueden ponerle un límite a lo que eres capaz de realizar en un momento dado, pero debes tener confianza en que tu esfuerzo afectará en definitiva a otras áreas de tu interés más allá de esos límites. Con cualquier trabajo que hagas, si te fundamentas en la nobleza de tus intenciones, ayudas a mantener unido el mundo con lazos sinceros de compasión.

Cuando surgen circunstancias adversas, es importante que no pierdas tu lugar. Si tu sentido de quién eres está basado en el simple seguimiento de otros más que en tu sabiduría interior, en lugar de mantenerte firme cuando se te presenta un problema, fácilmente podrás sentirte desconcertado. Ser fiel a ti mismo puede resultarte útil para establecer una distinción entre el conocimiento y la sabiduría. El conocimiento es lo que aprendes de los demás. Aprendes inspirándote en los ejemplos de la experiencia de otras personas, extrapolando lo que otros antes que tú han aprendido. El conocimiento, en este sentido, está esencialmente próximo a la imitación. La sabiduría, por contraste, la descubrirás dentro de ti mismo. Es el conocimiento que sale a la superficie desde el interior de la mente y el corazón.

## Anclarse en la sabiduría

Me gustaría compartir ahora una historia contigo. En tiempos del Buda, era costumbre entre los monjes y otras personas religiosas mendigar a diario su comida y subsistir con el alimento que recibían.

Un día, cuando el Buda estaba por las calles, mendigando la comida, llegó a la puerta de una familia acomodada. El propietario le dijo:

—¿Por qué tienes que hacer esto diariamente, importunándonos? Eres una molestia pública. ¡Fuera de aquí! ¡Déjanos en paz! Eres un irresponsable. ¡Deja de aprovecharte de nosotros y búscate un trabajo!

El Buda le escuchó, pero no respondió, y el hombre siguió su perorata, aunque poco a poco fue perdiendo su fuerza. Cuando hubo acabado, el Buda tranquilamente le preguntó:

—¿Has terminado?

—Sí –respondió–, he terminado.

—¿Puedo hacerte una pregunta? –le dijo el Buda–. Si alguien te ofrece algo que tú no aceptas, ¿a quién pertenece?

El propietario respondió:

—A la persona que está tratando de darlo.

—En efecto. Y yo no acepto las duras palabras que tú me has ofrecido.

El Buda había alcanzado confianza en las verdades por las que vivía y, por tanto, no podía ser disuadido ni siquiera ligeramente de seguir su propia brújula moral. Pero si tus decisiones no están basadas en la sabiduría y el autoconocimiento directo, la crítica y otras condiciones externas pueden erosionar tu confianza y tu sentido de orientación en la vida. Por el contrario, si has averiguado por ti mismo quién eres y qué es lo que le da sentido a tu vida, puedes anclarte firmemente en esa sabiduría. Nada de lo que nadie diga podrá hacerte perder nunca el equilibrio. Las condiciones temporales no podrán perturbarte.

Es preciso que llegues a conocer tu propia naturaleza por ti mismo y dejes que guíe tus acciones. Recuerda que no eres una máquina. No lleves la vida de un robot. Sé un ser humano completo.

## Iluminar el corazón

Los temas que hemos estado analizando en este libro son muy importantes. Cuando los problemas son tan graves, no es beneficioso añadirles seriedad poniéndonos también nosotros demasiado serios. En mi vida me he enfrentado a muchas situaciones muy graves. He advertido por experiencia que tomarse las cosas demasiado en serio puede tener un efecto debilitante. Puede paralizarnos.

Habitualmente es más eficaz acercarse a los problemas con un corazón ligero, con voluntad de reírse de ellos y de nosotros mismos. De otro modo, si estamos demasiado taciturnos, podemos vernos afectados por un ataque al corazón antes incluso de que tengamos la posibilidad de hacer algo por mejorar la situación. En lugar de eso, es más efectivo estar risueños. El sentido del humor puede ser muy útil para prevenirnos del golpe que puede suponer una situación difícil y no ser superados por ella.

Especialmente ante una situación crítica, tienes que ser capaz de acercarte a ella con una cierta apertura, precisamente para poder ver con claridad las posibles soluciones. Por ejemplo, a veces hay cuestiones serias que sientes que necesitas afrontar, pero que no puedes resolver. ¿Qué terminas haciendo? Preocuparte. Puede haber otras en las que realmente puedes hacer algo. En estos casos, si no eres cuidadoso, acabarás también con una preocupación similar. Y una vez que has sido superado por la ansiedad y otras emociones obstaculizadoras, será muy difícil planificar o tomar decisiones inteligentes. No serás capaz de mirar detrás de los obstáculos para ver las posibilidades.

Hay una historia acerca de un monje zen que fue a recoger plantas medicinales. Esas plantas crecían en las paredes de un abrupto precipicio y tuvo que descender valiéndose de una cuerda hasta el lugar en que se encontraban. Cuando volvía trepando por la cuerda, vio que un tigre le estaba esperando arriba. Naturalmente, había un largo trecho hasta abajo si caía, así que las opciones parecían a cual peor. Entonces, para complicar las cosas, apareció un ratón y comenzó a roer la cuerda. Arriba o abajo, no había más alternativa que la muerte. Era solo cuestión de tiempo.

Una de las plantas medicinales que el monje había recogido tenía un fruto rojo, grande y jugoso. La sacó de la bolsa y empezó a comerse el fruto allí mismo, colgando de la cuerda. Mientras lo estaba masticando, pensó para sí: «¡Este fruto es realmente delicioso!».

Lo importante de esta historia es que el monje conservó su libertad mental. A pesar de su terrible situación, pudo reconocer la fuente de dulzura justo delante de él. Su respuesta ilustra la capacidad de conservar una perspectiva amplia en cualquier circunstancia. Fue capaz de mantener la visión de la posibilidad que tenía ante él y saborear gozosamente su experiencia inmediata, incluso frente a una muerte segura.

## Crear juntos la esperanza

Los desafíos a los que se enfrentan nuestra generación y las generaciones por venir son enormes. Pero si comienzas a sentirte abrumado, recuerda que tendremos que afrontarlos todos juntos. Ninguno de ellos es un problema que afecte a un único individuo. Nos afectarán a todos tarde o temprano, de un modo o de otro. Puedes sentirte fortalecido tomando conciencia de que no eres la única persona que quiere cambiar las cosas. Cuando consideras los problemas fundamentales que afronta el mundo, debes pensar que todos estamos realmente juntos en esto.

Por una parte, cuando miramos la situación mundial en la actualidad, lo que vemos es un cuadro muy pesimista, en el que la oscuridad parece crecer de día en día. Pero, por otra parte, la transformación y el cambio son constantes, así que existe siempre la posibilidad y la esperanza de que las cosas puedan cambiar a mejor, si utilizamos nuestra inteligencia y nuestro interés por mejorar la situación.

Todos compartimos la Tierra y todos tenemos nuestro hogar en este planeta. En este sentido, formamos una única y amplia familia. Desgraciadamente, muchas veces no llegamos a ver el cuadro completo, y solo enfocamos el pequeño rincón en el que habitamos dentro de esta gran casa común. Sin embargo, la realidad es que cuando dos personas se pelean en una familia, eso afecta a la familia entera. Igualmente, si esas dos personas resuelven su disputa y vuelven a estar en armonía, esa armonía llegará a los demás. Creo que es muy importante mantener esta imagen más amplia en la mente.

Todos dependemos unos de otros. He dicho esto antes, pero merece la pena repetirlo porque pienso que nunca se enfatizará demasiado su importancia. Nos encontramos con problemas interminables cuando no conseguimos reconocer este hecho central de nuestra interdependencia. Esto se puede aplicar tanto a escala pequeña como grande. Si el líder de un país poderoso no posee la suficiente sabiduría para tener en cuenta las vastas redes que nos mantienen unidos, sus decisiones pueden tener un efecto seriamente negativo sobre la población de todo el mundo durante muchos años. Las repercusiones a largo plazo de los sistemas que tales líderes crean permanecen vigentes durante mucho tiempo y llegan mucho más lejos de lo que ellos pueden ver con su estrecha visión. Por ejemplo, quienes ayudaron a establecer nuestros actuales sistemas de alimentación sin duda no previeron los dañinos efectos con los que ahora nos estamos encontrando. Las personas que están en el poder pueden dañar a todo un país –y en verdad a todo el mundo– cuando desdeñan la realidad de nuestra interdependencia. Nos dañamos a nosotros mismos y a los otros cuando hacemos lo mismo.

La interdependencia tiene muchas implicaciones, prácticas, emocionales, espirituales y éticas. En este libro he tratado de explorar con vosotros algunas de ellas. La interdependencia significa que vuestra felicidad y la mía están relacionadas. Práctica y emocionalmente, tu felicidad está ligada con el bienestar de todos aquellos con los que te relacionas. Espiritualmente, procede del justo equilibrio entre cuidar de los demás y cuidar de ti mismo. Éticamente es justo para ti responder con gratitud y amabilidad a aquellos que te han dado todo lo que necesitas para vivir y para ser feliz. Puesto que te apoyas en otras personas para todo aquello que necesitas para desarrollarte o simplemente para sobrevivir, tienes la responsabilidad de cuidar de ellas. Tu interdependencia también significa que estás en posición de cumplir esa responsabilidad, porque tus acciones también afectan profundamente a esas personas. La conciencia de la interdependencia es esencial para la clase de cambio positivo que quieres –y debes– llevar a cabo globalmente. Todas tus acciones tienen lugar dentro de unas redes de interconexión.

La otra condición necesaria para que puedas cambiar el mundo para bien es tu sostenida actitud de atención y cuidado. Tu mirada compasiva no puede estar basada meramente en un entorno que la sostenga. Tu preocupación por los otros y tu compromiso de actuar deben estar profundamente enraizados en tu interior. Vive y actúa en la plenitud de tu amor y tu afecto por todos los seres. Lleva contigo ese sentimiento adondequiera que vayas.

## Por el bien del mundo

El encuentro que hemos tenido a través de las páginas de este libro está ahora tocando a su fin. Lo que yo he dicho aquí no es lo principal. Lo principal es la motivación sincera que tú tienes que aportar. Si has encontrado algo útil en tu lectura, sé consciente de que son las buenas intenciones que llevabas contigo lo que te ha permitido encontrar ideas útiles y positivas en lo que he podido expresar. Es importante que comprendas que todas esas ideas proceden de tu propia bondad innata.

Puedes sacar intuiciones de tu propia experiencia. Nadie tiene el *copyright* de las enseñanzas del Buda. Pertenecen al mundo y, en ese sentido, no son algo que yo pueda ofrecerte. Las enseñanzas y los maestros están en todas partes. La realidad es tu maestro. Cualquier cosa puede ser un maestro de las enseñanzas del Buda. Cualquiera.

Ahora es tu deber mantener tu entusiasmo actuando por el bien del mundo. Si lo haces así, todo es posible. Todo es posible porque todo surge a partir de las causas y las condiciones justas. Recuerda: no hay un punto de partida determinado para que empieces a llevar a cabo lo que aspiras. Cambiar el mundo para el bien puede empezar desde el lugar y el momento en que te encuentras precisamente ahora. Debes recordar esto, siempre.

Aunque no nos hemos conocido en persona, no tenemos por qué estar mentalmente distantes. Nuestro afecto recíproco puede mantenernos unidos. Podemos permanecer unidos a través de la bondad de nuestros corazones. Podemos ver siempre las estrellas titilando en el cielo. De la misma forma, dondequiera que te encuentres, puedes ser una lámpara que ilumina el espacio que está a tu alrededor. Siempre tendrás tu propia luz para brillar, y no solo disiparás la oscuridad de tu entorno próximo, sino que irradiarás también bastante luz para iluminar el mundo que te rodea.

Por las noches, después del crepúsculo, a menudo salgo a mi terraza y miro las estrellas. Formulo ahora el ruego de que cuando haga esto y luego cierre los párpados, sea capaz de verte con el ojo de mi mente, luciendo brillante dondequiera que estés.

Haré peticiones para que muchas cosas buenas se deriven de nuestro encuentro a través de este libro. Pediré no solo que nuestro encuentro contribuya al bienestar de todos los seres de este mundo, sino que nuestras oraciones compartidas por la bondad alcancen incluso las estrellas.

Nuestras oraciones y aspiraciones pueden llegar lejos. Somos capaces de ver las estrellas que se hallan a miles de años luz de nosotros. Tal vez esas estrellas ni siquiera existan ya, pero la luz que enviaron está viajando todavía y llega hasta nuestros ojos. La mente puede ir incluso más lejos. No hay límite que nuestras aspiraciones no puedan alcanzar.

Me refería antes a que podemos hacer de otros los guardianes de lo que es valioso para nosotros, cuando hablé de dejar que la luna guardara mi amor. Puesto que la luna está sosteniendo el amor que siento por ti, puedes acordarte de eso e inspirarte. Si algo de lo que he dicho aquí tiene sentido para ti, puedes pedirle a la luna que lo conserve para ti. Puedes pedirles a las estrellas que lo conserven para ti. Cuando mires la luna y las estrellas, espero que recuerdes los pensamientos y el amor que aquí he compartido contigo.

# Agradecimientos

Sería imposible expresar con palabras todo nuestro agradecimiento a Su Santidad el decimoséptimo Karmapa por el tiempo que pasamos con él en la India, o en el transcurso de la preparación de este libro para su publicación. No tenemos esperanza de poder pagar nuestra deuda de gratitud con él por el privilegio de formar parte de este proyecto.

Estamos agradecidas a muchas otras personas que hicieron posible que pasásemos ese mes con el Karmapa y que la elaboración de este libro fuera una realidad. Muchas gracias a Ngodup Tsering Burkhar, que no solo ofreció su entusiasmo y su considerable talento para interpretar a Su Santidad el Karmapa, sino que también apoyó el proyecto y a los estudiantes con gran destreza y generosidad de espíritu. Damos las gracias también a Ringu Tulku, quien propuso traer al grupo de estudiantes universitarios para recibir enseñanza de Su Santidad; a Karma Chungyalpa, vicesecretario general de Tsurphu Labrang, por su continuado apoyo a este proyecto de principio a fin; a Chemed Choegyal, por su amabilidad al hacer un hueco en el calendario de Su Santidad; a Khenpo Tenam y todos los monjes de Tsurphu Labrang, que desplegaron con nosotros su hospitalidad y sus cuidados, facilitando el proyecto de múltiples formas a lo largo de nuestra estancia; a Khenpo Lekshey, bibliotecario de Su Santidad, por crear un espacio para nosotros en la biblioteca del monasterio de Gyuto, y a Umze Bai Karma, por su tiempo y su talento a la hora de enseñar a los estudiantes los cantos tibetanos que ofrecieron a Su Santidad al final de nuestra estancia. Nuestras más sentidas gracias a las monjas de la comunidad de Dharmadatta por su generoso alojamiento del grupo de estudiantes en Dharamsala.

La administración de la Universidad de Redlands valoró la invitación a estudiar con su Santidad el Karmapa como una oportunidad única en el ámbito de la educación global. Nuestro agradecimiento al profesor Kelly Hankin, director del Centro Johnston de Estudios Integrados, por su ayuda en la preparación de nuestras prácticas de aprendizaje para nuestra estancia en la India y por el apoyo financiero a los costes del viaje de los estudiantes; a Barbara Morris, la decana del Colegio de Artes y Ciencia, por su apoyo al curso y por proporcionar fondos para los viajes, y a Sara Falkenstien, directora de Estudios en el Extranjero, por su excelente apoyo logístico.

Nuestro profundo agradecimiento a los estudiantes del grupo de la Universidad de Redlands: Elena Cannon, Rafael Fernandes, Nina Fernando, Katie Ferrell, Jonathan Fuller, Lauren Hook, Anne Heuerman, Jakob Kukla, Brendan

Mead, Brian Pines, Maya Polan, Ashley Starr, Patrick Sundolf, Jeremy Thweatt, Germaine Vogel y Giulia Zoppolat. Gracias también al doctor Simon Barker, por reunir al grupo y procurar nuestro bienestar físico en la India. El compromiso del grupo con los valores de este proyecto y su dedicación al duro trabajo que entrañó fueron imprescindibles para su éxito.

Estamos agradecidos a los sabios consejos de Emily Bower, nuestro editor de Shambala, cuya guía ha enriquecido enormemente este libro. Gracias también a nuestra lectora de pruebas, Elizabeth Adams, por sus numerosos e inteligentes comentarios.

Valoramos mucho el generoso apoyo del marido de Karen, Ed Murphy, y de sus hijos, Ben y Rebekah, durante su mes de ausencia en la India, y durante las visitas de Damchö en el curso del año siguiente.

# Nota biográfica sobre Su Santidad el Karmapa Ogyen Trinley Dorje

Su Santidad el Decimoséptimo Karmapa nació en 1985 en una familia de nómadas en las remotas tierras altas de la meseta tibetana. Pasó sus años de formación en uno de los pocos rincones que quedan en la Tierra sin electricidad, plásticos ni tráfico motorizado. Los componentes de su familia vivían próximos entre sí y próximos a la tierra, cambiando el campamento con las estaciones en busca de pastos adecuados para sus manadas de yaks y sus ovejas. En ese duro paisaje, el joven Karmapa experimentó el tradicional modo de vida tibetano que desde entonces prácticamente ha desaparecido.

Cuando el Karmapa tenía siete años, pidió insistentemente a su familia que se trasladaran a un cierto valle, hasta que, finalmente, lo hicieron. Poco tiempo después de que hubieran instalado el campamento en su nueva ubicación, varios discípulos del Decimosexto Karmapa llegaron a ese lugar. El grupo –que iba a la búsqueda de la reencarnación del Decimosexto Karmapa– había encontrado el valle remoto siguiendo las predicciones y descripciones encontradas en una carta escrita años atrás por aquel, antes de su muerte en 1981. Conocida como una carta de predicción, este documento comprendía sus instrucciones para localizar a su próxima reencarnación. Después de comparar los nombres de los padres del muchacho y otros detalles de su nacimiento con la descripción contenida en la carta, el grupo declaró que se había encontrado al Decimoséptimo Karmapa.

Desde ese momento, el Karmapa comenzó el ancestral proceso de aprendizaje que le debía preparar para cumplir un papel fundamental en el budismo tibetano, como jefe espiritual de una de sus principales órdenes. La escuela que encabeza el Karmapa, conocida como Karma Kagyu, transmite las enseñanzas y las prácticas budistas de meditación que fueron llevadas directamente de la India al Tíbet hace un milenio. Desde el siglo XII, la escuela Karma Kagyu ha buscado las sucesivas reencarnaciones de su fundador, el Primer Karmapa. El mismo sistema de búsqueda de reencarnaciones para los grandes líderes espirituales fue adoptado en todo el Tíbet, incluyendo la línea de reencarnaciones del Dalai Lama, y ha contribuido poderosamente a la continuidad y persistencia del budismo tibetano a lo largo de los siglos. Antes de morir, los Karmapas dejan indicaciones para guiar a sus discípulos en la búsqueda de su siguiente encarnación, a menudo en forma de cartas como la redactada por el Decimosexto Karmapa.

Como ha sido tradición en el Tíbet desde el siglo XVII, Su Santidad el Dalai Lama fue consultado para confirmar el reconocimiento del muchacho como Karmapa. Él mismo llevó a cabo su propia investigación personal y coincidió en que el pequeño era realmente la decimoséptima encarnación del Karmapa. En un raro momento en que Su Santidad el Dalai Lama y el gobierno chino estuvieron de acuerdo, las autoridades chinas concedieron los permisos necesarios para permitir que el Karmapa ocupase su puesto en su monasterio del Tíbet central.

El Karmapa viajó desde su Kham nativo, lejos, al este, hasta un monasterio de novecientos años de antigüedad llamado Tsurphu. Cada uno de los Karmapas había pasado parte de su vida en él, y ahí fue donde el Decimoséptimo Patriarca fue formalmente entronizado el 27 de septiembre de 1992, con dos de los tres jerarcas vivos de su linaje oficiando. Comenzó entonces el proceso de estudio y aprendizaje tradicional para los Karmapas, aunque empezó a ofrecer instrucción espiritual a otros casi al mismo tiempo. A la edad de ocho años pronunció su primer discurso religioso en público. Al acontecimiento asistieron más de veinte mil personas.

En los años siguientes, el Karmapa se enfrentaría a numerosas situaciones difíciles en sus esfuerzos por realizar sus actividades espirituales. Se negó el permiso a entrar en el Tíbet a sus maestros espirituales más importantes y, a la vez, el propio Karmapa tampoco conseguía una autorización para viajar a la India a visitarlos. Preocupado por no poder llevar a cabo su tarea como maestro espiritual y cabeza de la línea sucesoria, el Karmapa tomó una decisión histórica que le haría saltar al escenario mundial. A la edad de catorce años decidió escapar del Tíbet y buscar la libertad a fin de cumplir con su papel como líder espiritual del mundo y con sus responsabilidades como cabeza de la escuela Karma Kagyu.

El viaje del Karmapa comenzó a finales de 1999 cuando saltó desde una elevada ventana por la noche. Él mismo ha descrito el terror al que su grupo se enfrentó durante todo el camino de huida, a través de los Himalayas, tanto en todoterreno como a caballo, a pie y en helicóptero. El 5 de enero de 2000, finalmente llegaba a Dharamsala, India, donde fue recibido personalmente por Su Santidad el Dalai Lama. El Karmapa se instaló de forma provisional en el monasterio Gyuto, a escasa distancia de la residencia en Dharamsala de Su Santidad el Dalai Lama, con quien continúa manteniendo, hasta la fecha, una estrecha relación, una relación entre mentor y protegido.

Durante los últimos doce años, el Karmapa ha vivido en la India como refugiado y ha pasado por la educación filosófica y el aprendizaje monástico tradicional, mientras ha seguido también una educación moderna, a nivel privado, que incluye el estudio de la ciencia, la historia, la lengua inglesa y otros idiomas. También ha viajado por toda la India para participar en la vida religiosa y cultural de su hogar de adopción. Desde la inauguración de los templos para Sai Baba en Tamil Nadu hasta la conmemoración del centésimo aniversario de la Madre Teresa en Calcuta, se ha relacionado con numerosos líderes espirituales en un espíritu de respeto y tolerancia mutuos.

Con los años, ha llegado a desarrollar un importante papel en la conservación de la cultura tibetana. Los tibetanos han puesto sus ojos en el Karmapa, una de las figuras fundamentales del budismo tibetano, para que los inspirara en sus esfuerzos por mantener su identidad cultural en el exilio. Es invitado con frecuencia a hablar en escuelas tibetanas de toda la India y a menudo preside ceremonias religiosas y actos culturales en Dharamsala, cuando Su Santidad el Dalai Lama está viajando por el extranjero. Pinta, practica la caligrafía, escribe poesía, compone música y dirige obras teatrales. Ha escrito y montado varias obras en tibetano que combinan elementos de la ópera tradicional tibetana con el teatro moderno. A la representación de su primera obra, un drama sobre la vida del gran yogui tibetano Milarepa, asistieron doce mil personas.

Junto con sus lecciones de inglés y otras cuestiones, el programa diario del Karmapa incluye tiempo para audiencias privadas por la mañana, además de recibir cada año a decenas de miles de visitantes de todas las partes del mundo. Desde 2004, ha dirigido el Kagyu Monlam anual, una reunión de oración que congrega cada invierno a millares de asistentes de diferentes tradiciones budistas de todo el mundo. En mayo de 2008, el Karmapa hizo su primera salida a Occidente, más exactamente a los Estados Unidos, donde visitó numerosos centros espirituales bajo su dirección, incluyendo su sede norteamericana en Woodstock, Nueva York. Volvió de nuevo a los Estados Unidos en 2011 en una segunda visita.

Sin dejarse intimidar por los desafíos afrontados a lo largo de los años, el Karmapa continúa transmitiendo las enseñanzas espirituales de su tradición, guía a sus discípulos y dirige su escuela de budismo tibetano, de novecientos años de antigüedad, en pleno siglo XXI.

# Índice